나의 충동구매 연대기

지갑으로 낳아
가슴으로 키운
취향에 대해

김도훈 지음

문학동네

일러두기
- 외래어는 국립국어원 외래어표기법에 준했으나 제품명, 브랜드명, 패션용어 등 일부는 통용되는 표기를 따랐습니다.
- 단행본은 『 』, 전집과 시리즈는 「 」, 영화, 잡지 등은 〈 〉로 구분하였습니다.

"좋아하는 게 지나치게 적은 것보다야
과하게 많은 것이 더 재미있는 인생 아니겠는가."

차례

8   프롤로그 재미있게 불행한 것도 나쁘지 않다

PART 1
물건들

15   **패브릭 쿠션** 카펫은 비싸고 커튼은 귀찮으니까
25   **곰인형** 슬픈 유년기에 대한 다 큰 어른의 보상
33   **플로어 램프** 당신의 밤도 타인의 낮보다 아름다워야만 한다
43   **책** 활자중독자의 장렬한 최후
52   **CD플레이어와 LP플레이어** 음악 가득한 허공에 돈을 바치다
60   **그릇** 식탁에서 부릴 수 있는 가장 사치스러운 즐거움
70   **빈티지 블랭킷** 무책임한 야마꾼이 들려주는 야마가 있는 물건 이야기
79   **화초** 화초 연쇄살인마의 어떤 연애
87   **고양이 용품** 알록달록 무늬를 거절합니다
96   **전선과 멀티탭** 가릴 수 없다면 전시하라
103 **그림** 내 인생의 가장 근사한 쇼핑
112 **오브제** 당신만의 코비와 미샤
119 **정보랄 건 없지만** 맥시멀리스트의 비밀 쇼핑 사이트
129 **숨기고 싶은 것들** 기념 수건과 끈끈이 스틱

PART 2
기억들

- **139** **엄마의 이불** 참을 수 있는 꽃무늬의 낭만
- **149** **모카포트** 인생이란 참으로 일관성이 없다
- **157** **운동과 미식축구** 세상 모든 낀 세대를 위한 항변
- **164** **샤기컷** 그 시절, 간지와 실수 사이
- **172** **축구** 어느 예비역의 라스트 신
- **180** **슬램덩크** 그들은 그 시절에 머물러야 한다
- **188** **향** 보이지 않는 것의 아름다움
- **197** **SF문학** 복지부동의 공무원이 되지 못한 이유
- **205** **추천 SF문학 10권** 너 내 동료가 되어라
- **210** **우울과 취향** 환자복의 바짓단을 걷는 일
- **216** **소울푸드** 고고한 평양냉면으론 채울 수 없는 남쪽의 빨간 맛
- **224** **집** 편리한 아파트에 양보했던 어떤 로망
- **232** **나의 동네** 20년 치 촉촉한 의리에 대한 고백

- **250** 작가의 말

프롤로그
재미있게 불행한 것도 나쁘지 않다

모두가 먼지 쌓인 슈트케이스를 꺼내기 시작했다. 코로나19 팬데믹 기간 동안 얼마나 많은 한국인이 좁은 이코노미석에 몸을 끼워 넣는 고행을 바랐던지 비행기표는 금세 동이 났다. 모두가 떠나기 시작했다. 어떤 친구는 임윤찬 공연을 보겠다고 뉴욕으로 갔다. 어떤 친구는 맛대가리 없는 음식이 그립다며 런던으로 갔다. 한국인들이 미워한다고 말하면서도 내심 사랑하는 국가의 수도로 간 친구가 메시지를 보냈다.

- 한국 사람밖에 없어. 여긴 그냥 서울이야.

도쿄는 한국인이 장악했다. 우리는 마침내 임진왜란의 복수에 성공한 것이다.

모두가 어디론가 날아가는 동안, 나는 서울에서 가만히 숨만 쉬고 있었다. 나는 여행을 좋아하는 사람이었다. 평소 잘 먹지도 않는 비빔밥을 플라스틱 포크로 비비는 일은 나의 기쁨이었다. 그런데 나는 왜 친구들이 인스타그램에 올린 기내식 사진이나 보며 만족하고 있는 건가. 쇼핑 때문이다. 나는 쇼핑을 좋아하는 사람이다. 해외여행의 주목적도 쇼핑이었다. 여행을 가면 꼭 H&M이나 자라에 들렀다. 한국에 없는 옷을 사서 돌아와 "그 옷은 어디서 샀냐"는 말을 듣는 것이 기쁨이었다. 하지만 기쁨은 곧 사라졌다. 패스트패션 제국이 전 세계 모든 도시에 매장을 열기 시작하면서 나의 기쁨은 사라졌다. H&M과 자라는 서울을 비롯한 모든 도시 중심가에 풍토병처럼 자리잡았다. 옷도 다 비슷해지고 도심의 풍경도 다 비슷해지고 있다.

사실 모든 것이 조금씩 비슷해지고 있다. 요즘은 자동차도 비슷하다. 모든 회사가 비슷한 형태의 세단만 만든다. 자동차에 딱히 관심이 없는 나로서는 벤츠고 BMW고 현대고 할 것 없이 로고가 없으면 구분할 길이 없다. 스마트폰도 비슷하다. 애니콜과 노키아의 시대에는 사람들 손에 쥐어진 핸드폰 디자인을 보는 재미가 있었다. 이젠 모든 폰

이 검은 사각형이다. 검은 사각형 내부에는 인간들의 너무나도 다양한 다채로운 어둠이 존재하지만, 겉으로 보기에는 다 똑같다. 도시를 구성하는 컬러도 점점 사라진다. 모든 것이 조금씩 미니멀해진다. 나는 미니멀리즘이 좀 지겹다. 그래서 집을 온갖 종류의 물건들로 채워놓고 "저는 맥시멀리스트입니다"라는 소리를 부끄러운 줄도 모르고 해대는 인간이 됐다.

사실 내가 진정한 맥시멀리스트인지는 잘 모르겠다. 한번은 인테리어 잡지에서 나를 맥시멀리스트로 소개하겠다고 했다. 하지만 잡지기자가 내민 나의 집 사진을 보자마자 "아닙니다. 저는 맥시멀리스트가 아닌 것 같아요" 하고 말았다. 죄송한 일이다. 어쩌겠는가. 그런 말을 들을 때면 겸연쩍은 것을. 맥시멀리스트는 한 사람을 규정하는 말이다. 사람들은 스스로를 규정하는 걸 싫어하면서도 규정 속에 머무는 일에 편안함을 느낀다. 그래서 나는 여전히 맥시멀리스트라는 말 앞에 머뭇거리는 것이다. 하지만 일일드라마 주인공처럼 "나다운 게 뭔데!"라고 외치기 전, 오랜 시간 동안 집안 곳곳에 자리잡은 물건들을 바라보곤 마음을 접었다. 이렇게 예쁜 쓰레기가 많은 집은 확실히 몇 없을 것이다. 고백하자면 지인들 사이에서 이 집은 '애오개 박수무당집'이라고 불린다. 홍콩에서 산 모택동 동상과 모로코에서 산 토속 나무 가면과 프랑스에서 산 아기 상반신 동상이 여기저기 제멋대로 놓여 있거나 걸려 있다. 테이블 위에 쌀주머니와 방울만 놓으면 점집이라고 해도 꽤 납득할 만한 인테리어다. 내 인생에서 가장 독창적인 것은 내가 아니다. 내 집이다.

*

나는 이 글이 "아니요. 타인의 시선은 신경쓰지 않습니다. 제가 입고 싶은 대로 입고요. 이렇게 입으면 기분이 조크든요"라고 말하던 늙은 엑스세대의 불평처럼 들릴까 근심이다. 솔직히 내 세대가 타인의 시선을 가장 신경쓰지 않은 세대인 것도 아니다. 엑스세대는 문화적 자신감이 지나쳐서 과거를 과하게 미화하는 경향이 있다. 사실 세대가 무슨 소용이 있겠는가. 내가 반백 년을 살면서 깨달은 바는 한 세대를 아우르는 취향이라는 것은 좀처럼 존재하지 않는다는 사실이다. 대신 어떤 세대든 어떤 나이든 자신만의 취향을 발견해낸 사람은 있다. 나는 이 글이 스스로 대단히 독창적인 취향이 있는 사람인 것처럼 보이게 만들까 또 근심이다. 나는 세상에 존재하는 수많은 취향을 다 기웃거리며 다 주워 담고 싶어하는 취향의 호더^{hoarder}에 불과한 사람이다. 좋아하는 게 지나치게 적은 것보다야 과하게 많은 것이 더 재미있는 인생 아니겠는가. 더 재미있는 인생이 더 행복한 인생을 의미하는 건 아니지만, 재미있게 불행한 것도 나쁘지는 않다. 어차피 우리 모두는 조금씩 다 불행하다.

사실 취향의 미니멀리즘 시대가 거대한 인류 역사의 흐름 속에서 보자면 크게 나쁜 일은 아닐 수 있다. 결국 인류는 한 회사가 만든 옷을 입고 한 회사가 만든 스마트폰을 들고 한 회사가 만든 자동차를 몰며 한 회사가 만든 영화를 보게 될 것이다. 모두가 평범하게 평등하고 평화롭게 평이한 '멋진 신세계'로 나아가는 미래는 불가역적이다. 분명 일론 머스크는 그런 멋진 신세계를 꿈꾸고 있을 것이다. 참, 다들 알겠지만 굳이 설명을 붙이자면 올더스 헉슬리의 『멋진 신세계』는 획일적이어서 암울한 미래를 그린 디스토피아 소설의 고전이다. 이 소설은 제목만 유명하지, 읽은 사람은 몇 없다.

PART 1
물건들

패브릭 쿠션
카펫은 비싸고 커튼은 귀찮으니까

봄이 간다. 언제 왔다고 가는 건지 모르겠다. 봄이라는 게 있는지도 모르겠다. 이 글을 쓰고 있는 와중에 눈이 내리고 있다. 참고로 지금은 3월 말이다. 슬픈 일이다.

세상에서 가장 예쁜 옷은 여름옷이 아니다. 겨울옷도 아니다. 아니 겨울옷은 좀 예쁠 수도 있다. 특히 몸에 '촤르르' 감기는 코트의 맛은, 아니다. 나는 지난겨울 코트를 단 한 번도 입지 않았다. 노스페이스 눕시패딩 3종으로 겨울을 버텼다. 멋쟁이는 겨울에 얼어죽는 법이라고 했다. 젊은 멋쟁이만 얼어죽는다. 늙은 멋쟁이는 패딩말고는 선택지가 없다. 늙는 건 상당히 패셔너블하지 못한 일이다. 어쨌든 여름옷도 겨울옷도 아니다. 가장 예쁜 옷은 봄가을옷이다. 내가 가장 많은 돈을 투자한 옷도 봄가을용 재킷이다. 헛된

소비였다. 기후변화가 봄과 가을을 이토록 빠른 속도로 단축시키리라는 예측은 하지 못했다.

다시 말하지만 늙은 나는 겨울이 싫다. 나는 추위를 잘 타는 인간이다. 내 고양이도 추위를 잘 탄다. 전기세와 가스비 고지서는 고통이었다. 이번 겨울은 예년보다 거의 두 배 가까운 금액이 찍혀 있었다. 사람들은 소셜미디어에서 싸웠다. 전 정권의 반원전 정책 때문이냐, 이번 정권의 무능 때문이냐. (책을 만드는 사이, 전 정권은 전전 정권이 됐고 이번 정권은 탄핵된 전 정권이 됐다.) 다 부질없다. 러시아·우크라이나 전쟁과 코로나19 팬데믹과 그로 인한 지구적 인플레이션 앞에서 난방비는 계속해서 오를 것이다. 에어컨 없이 살 수 없는 여름이 오면 사람들은 또 싸울 것이다. 전기세가 이렇게 많이 나오는 게 누구 때문이냐며 호들갑스러운 싸움을 계속할 터이다.

겨우내 거실과 옷방에 아낌없이 난방을 했다. 침실이 아니고 왜 옷방이냐고? 옷을 보호해야 하는 탓이다. 나는 다소 과도할 정도로 명품 옷을 사들이는, 재정적으로 무책임하기 이를 데 없는 인간이다. 어쩌면 내 옷방에 있는 모든 옷을 팔면 집의 모든 가구를 소위 명품 가구라고 일컫는 핀 율의 빈티지나 모오이로 바꿀 수도 있을 것이다. 30퍼센트 세일가로 구입한 라프시몬스의 봄버 재킷을 팔면 요즘 사고 싶은 핀 율의 이집션 체어*를 절반은 살 수 있다. 물론 그건 가능한 일이 아니다. 가구를 좋아하는 사람들은 옷도 좋아하게 마련이다. 집에 핀 율의 가구를 쌓아놓고 살면서 유니클로만 입고 다니는 사람은 본 적이 없다. 젊은 시절 취향의 발전은 패션에서 시작해 인테리어로 흘러가는 법이다. 좋은 옷을 잔뜩 살 수 있는 나이가 되면 가구로 고개가 돌아간다. 나이가 들면 성숙해져서 소비로부터도 자유로워지리라 생각한다면 오산이다. 성숙해지는 건 당신의 마음이 아니라 지갑이다.

사계절 중 하나를 택하라면 내 선택은 언제나 여름이다. 예전에는 여름을 그렇게 좋아하지 않았다. 나이가 들면 여름을 좋아하게 된다. 어차피 젊은 시절처럼 움직일 일이 잘 없다. 10년 전만 해도 나는 압력밥솥 안에 서 있는 듯

---

* 고대 이집트의 디자인 원칙, 현대적 리듬의 놀라운 조합으로 묘사되는 의자. 디자이너 핀 율이 박물관에서 고대 이집트 의자를 본 뒤 매료되어 그 구조를 디자인에 반영했다.

한 고통을 참으며 록페스티벌을 다니곤 했다. 사흘 내내 땀을 비 오듯 흘리고 모기에게 피를 바치면서까지 좋아하는 밴드의 음악에 몸을 흔들었다. 이제 그런 건 더는 가능하지 않다. 일단 내 목디스크가 그런 행위를 허락하지 않는다. 그래서 사람들은 40대가 넘으면 에어컨이 있는 집에서 유튜브로 록페스티벌 영상을 보며 '내가 저런 데를 잘도 다녔구나' 하고 생각하게 되는 것이다.

*

사실 봄이 사라지는 것이 그렇게 아쉬운 건 아니다. 나는 봄이 싫다. 내가 봄을 싫어하는 이유는 뿌연 하늘 때문이다. 한국의 봄이 대체 언제부터 이토록 뿌옇게 변했는지는 정확하게 기억하지 못한다. 하지만 분명한 사실은 한국의 봄이 항상 이렇지는 않았다는 것이다. 내 유년기의 봄은 언제나 세상이 태동하는 푸른색과 녹색의 조화였다. 미세먼지와 황사의 시대가 도래하며 유년기의 봄은 갔다. 게다가 나는 알레르기도 있다. 꽃가루가 날리기 시작하면 재채기와의 전쟁이 시작된다. 그래서 창을 열고 환기도 하지 못한 채 두 대의 공기청정기를 돌리며 겨우 봄을 맞이하고야

마는 것이다. 예전 아파트에 살 때는 창문 청소라도 하며 속시원한 봄맞이를 하곤 했다. 새 아파트 새시는 직접 청소할 수가 없다. 육중하고 위험해서 1년에 두어 번 있는 아파트 전체 창문 청소날을 기다려야 한다. 직접 닦아보고 싶어서 양쪽에 자석이 달린 청소 도구도 써봤다. 빌어먹을 이 제품은 절대 구입하지 마시길 권한다. 이놈의 자석은 시도 때도 없이 떨어진다. 길을 지나가는 사람에게 떨어지기라도 하면 당신은 과실치사상죄로 옥살이를 하게 될지도 모른다.

내가 봄을 싫어하는 또다른 이유가 있다. 자꾸 사람들이 뭔가를 새롭게 시작하라고 부르짖기 때문이다. 겨우내 하지 않았던 운동을 왜 봄에는 시작해야 하는가. 겨우내 만나지 않았던 사람들을 왜 봄이라고 만나야 하는가. 겨우내 하지 않았던 수많은 일들을 봄이라고 할 수 있을 리가 없지 않은가. 며칠 전엔 알몸으로 거울을 보다가 생각했다. 봄이니까 나도 몸을 좀 만들어볼까? 소셜미디어에 접속했더니 봄을 맞아 PT를 신청했다는 사람들의 아우성으로 가득했다. 여러분은 지난봄에도 같은 일을 저질렀습니다. 가지도 않을 PT를 신청한 지 겨우 한 달 후, 남은 PT 비용을 (체육관에 엄청 떼인 후) 다시 받아냈죠. 이 글을 읽는 독자분들 중에서도 이미 봄맞이 PT를 신청한 분들이 계실 것이다. 그리고 지금쯤이면 작년과 같은 이유로 후회하고 있으리라.

    그래도 사람에게는 기분전환이라는 게 필요하긴 하다. 겨울도 아니고 여름도 아닌 봄이 재빠르게 사라지는 시점에는 뭐라도 좀 바꿔야 한다. 기분을 전환하고 싶을 때 가장 좋은 아이템은 역시 패브릭이다. 겨울이 가고 봄이 와도 여전히 치고 있던 두꺼운 커튼을 보다 가벼운 커튼으로 바꾸어도 괜찮을 것이다. 고양이 토사물을 받아냈던 러그를 교체해도 좋다. 고양이 토사물이라는 단어에서 경악하는 분들도 계실 것이다. 만약 당신이 고양이를 키우는 독자라면 그냥 웃고 있을 것이 틀림없다. 고양이는 일주일에 서너 번은 구토를 한다. 고양이라는 동물은 매일매일 온몸을 혀로 열심히 핥아서 그루밍하는 습성이 있다. 혓바닥의 돌기로 쓸어내 삼킨 털은 고양이 배 속에서 뭉쳐진다. 고양이는 그걸 다시 토해내는데 이것을 '헤어볼'이라고 부른다. 만약 당신이 고양이를 키우고 싶다면 헤어볼은 원치 않는 보너스 같은 것이다. 헤어볼 방지 사료나 영양제를 아무리 비싼 가격에 사서 매일매일 먹여도 소용없다. 동물과 함께 산다는 건 그런 것이다. 당신은 동물의 생리현상까지 모조리 사랑해야만 한다. 그렇지 않다면 당신에게는 동물과 함께할 자격 같은 건 없다.

하지만 러그를 교체하는 건 비싼 행위다. 러그를 사랑하는 독자라면 이미 러그에 꽤 많은 돈을 투자했을 터이다. 그런 러그를 한 해만 쓰고 버리는 건 진정한 과소비다. 나도 러그 교체는 포기했다. 대신 카펫 세탁 전문점에 헤어볼 자국을 모조리 지워달라고 부탁하기로 결정했다. 커튼을 교체하는 것도 보통 일이 아니다. 나는 커튼 길이를 직접 재서 주문하고 매달 만큼 부지런한 사람이 아니다. 어차피 밤에 일하고 낮에 자는 일이 많은 나로서는 봄에도 두꺼운 암막커튼이 필요하다. 그렇다면 기분전환을 위해 뭘 선택할 것인가. 나는 아주 쉽고 간단하고 의외로 효과가 괜찮은 방법을 택했다. 새 쿠션을 사는 것이다.

*

쿠션은 정말이지 마법 같은 아이템이다. 저렴한 가격으로 집의 분위기를 바꾸고 싶다면 쿠션만한 아이템은 없다. 지난 몇 년간 쿠션만 선보이는 국내 브랜드도 많이 생겼다. 10년 전만 해도 살 수 있는 쿠션의 종류는 한정적이었다. 시장에 쏟아지는 대부분의 쿠션은 어쩔 도리 없이 마리메꼬를 연상하게 하는 스칸디나비아 스타일의 패턴으로 가득했다. 지금은 다르다. 당신이 상상할 수 있는 대부분의 디자인을 인터넷에서 찾을 수 있다. 나는 좀 과격할 정도로 팝적인 프린트가 있는 쿠션을 좋아한다. 주변 사람들에게 집들이와 생일 선물로도 쿠션을 강요해왔다. 재미있게도 그렇게 모은 쿠션들은 마치 내가 직접 고르고 골라서 구입한 것처럼 서로 조화를 이루고 있다. 당신의 취향을 정확하게 아는 친구들의 존재란 정말이지 소중한 것이다. 매년 생일마다 마음에 쏙 드는 선물을 해주는 친구가 있다면 당신은 그를 영원히 열렬하게 아껴야 한다. 그런 친구는 인테리어숍에 가자마자 하품을 하며 "당신 마음에 드는 걸로 골라. 난 잘 모르잖아"라고 퉁명스럽게 말하는 남편보다 훨씬 소중하다.

어쨌든 나는 여름맞이 쿠션을 샀다. 일본 패션 브랜드 히스테릭글래머의 쿠션이다. 히스테릭글래머는

20대 시절 좋아하던 브랜드다. 지금은 아니다. 나는 하라주쿠 스타일의 옷을 입을 나이가 아니다. 하지만 일본 브랜드들은 의류뿐 아니라 종종 인테리어 소품도 생산하곤 한다. 옷은 점잖게 입어도 쿠션은 강렬하기를 원하는 분이라면 일본 스트리트패션 브랜드를 노려보시라. 물론 나는 베르사체의 쓸모없이 화려한 쿠션도 사고 싶은 재정적으로 무책임한 사람이지만, 쿠션 하나에 50만 원을 들일 만큼 재정적으로 대담하게 무책임한 사람은 아니다. 재킷 하나에 100만 원을 지불하는 사람이 50만 원짜리 쿠션을 두고 재정적 무책임을 논하는 이유가 뭐냐고 묻는다면, 나는 할말이 없다. 인간은 쓸데없이 복잡한 존재다.

곰인형
슬픈 유년기에 대한 다 큰 어른의 보상

인형을 샀다. 아니 잠깐, 그렇다, 나는 40대 후반이다. 더 솔직히 고백하자면 곧 오십이다. 이미 잘 알려진 맥시멀리스트로서 온갖 물건을 다 산다. 이쯤에서 인형말고 내가 최근 구입한 가장 괴상한 물건을 소개해보자. 얼마 전에는 미쉐린에서 1980년에 생산한 '비벤덤' 태엽 감기 장난감을 샀다. 비벤덤은 여러분이 잘 아는 미쉐린의 캐릭터다. 살이 접히는 갓난아기를 보고 우리는 종종 "미쉐린 타이어 같아"라고 한다. 바로 그 하얀색 캐릭터가 비벤덤이다. 태엽을 감으면 시끄러운 소리를 내며 앞으로 걸어가는 꼴이 꽤 매력이 있다. 가격은? 손가락 세 개만한 크기인데 10만 원을 주고 샀다. "해외에서도 높은 가격으로 거래됩니다"라는 판매자의 문구에 혹하지 않을 도리는 없었다.

내가 딱히 미쉐린 타이어를 좋아하는 건 아니다. 나는 운전면허를 1996년에 땄지만 운전은 지금까지 열 번 정도 해봤다. 자가용도 없다. 다만 비벤덤은 역사에 길이 남을 상징적인 디자인의 캐릭터다. 종종 이런 캐릭터들이 있다. 나는 올림픽 마스코트 장난감도 지속적으로 모으는 중이다. 좋아하는 영화의 피규어도 종종 구입한다. 최근에는 내 인생의 영화인 리들리 스콧의 1982년 작 〈블레이드 러너〉의 피규어를 샀다. 최신 피규어는 아니다. 최신 피규어는 지나치게 디테일이 좋아서 오히려 매력이 떨어진다. 내가 구입한 피규어는 1990년대쯤 잠깐 생산된 주인공 데커드(해리슨 포드가 연기했다) 피규어다. 특유의 미래적인 복장을 벗긴다면 이게 〈블레이드 러너〉 캐릭터인지 알 수도 없을 것이다.

비벤덤은 디자인 역사에서 아주 중요한 위치를 차지하고 있다. 일상용품을 제조하는 회사들이 캐릭터를 내세워서 성공한 사례는 거의 없다. 사실 캐릭터 자체를 만드는 일이 잘 없다. 가만 생각해보시라. 소니를 대표하는 캐릭터가 있나? 삼성은? LG는? 자동차 회사라면 캐릭터를 만들법도 하다. 하지만 토요타도 현대도 벤츠도 캐릭터를 만들지 않았다. 이유는 간단하다. 캐릭터를 만드는 순간 그 캐릭터는 지나치게 대표성을 갖게 된다. 대표성을 띠는 캐릭터는 유연하게 사용하기가 힘들다. 디즈니 같은 회사와는 사정이 다르다. 콘텐츠 회사들은 캐릭터를 내세우는 것이 도움이 된다. 산업용품이나 일상용품 제조사들은 그렇지 않다.

다만 미쉐린 타이어는 비벤덤 캐릭터가 꽤 도움이 됐을 것이다. 미쉐린은 정말로 타이어 하나만 만드는 기업이기 때문이다. 그러니 타이어를 온몸에 두른 듯한 생김새의 비벤덤은 미쉐린이라는 회사를 전 세계 모든 사람에게 쉬이 각인시키는 홍보 무기가 된다. 물론 요즘 미쉐린은 미쉐린 가이드로 더 유명하긴 하다(한국에선 굳이 본국 프랑스어 발음을 내세워 '미슐랭 가이드'로 부르기도 한다). 미쉐린 가이드에도 비벤덤 캐릭터는 디자인 요소로 꼭 들어간다. 어차피 미쉐린 가이드를 만든 이유도 다 타이어를 팔기 위해서다. 자동차를 타고 맛집을 오랫동안 순회하려면 타이어를 여러 번 갈아야 한다. 그나저나 요즘 미쉐린 스타를 받은 식당들이 조금씩 사라지고 있어서 슬프다. 경기가 좋지 않을 때는 엥겔지수부터 줄여야 하니까 어쩔 도리가 없지만.

*

비벤덤을 산 이유는 집에 디자인 요소를 하나 추가하기 위해서였다고 변명할 수 있다. "아니 태엽 감기 인형이 있어요?(애도 아니고 말이야)"라는 질문을 받는다면 "이건 디자인 역사의 유명한 상징적 캐릭터니까요"라고 설명할 수 있다. 그런데 나는 얼마 전 인형을 샀다. 심지어 곰인형이다. 독자 여러분 중에서는 '아니, 오십이 다 되어가는 양반이 곰인형을 사다니, 유년기에 인형을 갖지 못한 한이라도 풀려는 것인가?'라고 생각하는 분도 있을 것이다. 솔직하게 말하자면, 맞다. 나는 유년기에 인형을 갖거나 선물로 받은 적이 없다. 남자아이였기 때문이다. 내가 유년기를 보낸 건 1980년대다. 그 시절에는 남자아이와 여자아이의 역할이 정확하게 나뉘어 있었다. 국민학교, 그러니까 초등학교에서도 성별 역할은 분명했다. 운동장에서 축구를 하는 건 남자아이들뿐이었다. 여자아이들은 거대한 운동장 구석의 남은 공간에서 줄넘기를 했다.

나는 상당히 섬세하고 여성스러운 데가 있는 아이였다. 축구가 싫었다. 오징어게임도 싫었다. 대신 공기놀이에 상당한 재주가 있었다. 같은 반 여자아이들과 섞여서 공기놀이를 하는 건 매일의 일과였다. 6학년이 되자 끔찍한 일이 생겼다. 대체 무슨 이유에서인지 담임선생의 선택으로 전교회장 선거에 나가게 됐다. 내가 다니던 마산 월영국민학교는 당시로서는 놀랍게도 1학년부터 6학년까지 직접 투표를 해 전교회장을 뽑았다. 일제강점기 소학교로 시작한 학교라 그 전통이 남아 있어서라고 했다. 심지어 전교생을 운동장에 모아놓고 유세 연설도 해야 했다. 그 모든 과정은 너무나도 고통스러웠지만 내가 전교회장이 될 리는 없다는 생각으로 참아냈다.

맙소사, 전교회장이 되어버렸다. 도서관에 처박혀서 SF 소설 전집이나 읽고 여자아이들과 공기놀이를 하던 INFP 초등학생에게 그 1년은 지옥 자체였다. 매일 아침 운동장 조회에서 전교생을 향해 "차렷, 열중쉬어, 차렷, 교장 선생님께 경례!"를 외쳐야 했다. 가장 무시무시한 건 운동회였다. 차전놀이 꼭대기에 지휘자로 올라가야 했다. 떨어지면 죽을 수도 있다는 공포에 시달리며 속으로 외쳤다. '내가 원했던 건 이런 게 아니야.' 억지 외향인으로 살아야 하는 극내향인의 투쟁으로 요약할 수 있는 내 인생은 그때부터 시작된 것이다. 나는 나보다 차전놀이를 더 잘할 수 있는 여자아이를 100명은 알고 있었다. 나보다 더 축구를 하고 싶어하는 여자아이를 50명은 알고 있었다. 그들은 할 수 없었다. 성별 역할이 정확하게 나뉜 시대에 역할에서 벗어나고 싶어하는 아이들이 할 수 있는 일은 별로 없었다.

어린 시절 내 방은 아버지가 외국에서 사온 온갖 장난감으로 가득했다. 그중 태반이 로봇 장난감이었다. 버튼을 누르면 빛을 발하고 소리를 내며 걸어가는 로봇 장난감은 같은 반 남자아이들의 선망의 대상이었다. 그들은 오로지 로봇 장난감을 보기 위해 우리집에 놀러와 감탄을 쏟아내곤 했다. 나도 로봇을 좋아했다. 다만 집에 놀러온 친구들처럼 좋아하지는 않았다. 내가 정말로 갖고 싶었던 장난감은 로봇이 아니었다. 인형이었다. 여자아이들 집에 놀러가면 침대맡에 놓여 있는 곰인형이었다. 나는 바비도 좋아했다. 하지만 그 시절에는 바비가 없었다. 대신 한국 회사에서 바비를 카피해 만든 미미가 있었다. 나는 여자아이들과 함께 미미의 머리를 빗기고 옷을 갈아입히며 놀고 싶었다.

그런 건 용납되지 않았다. 어른들이 허락하지 않은 건 아니었다. 다만 남자아이는 로봇을 갖고 놀고 여자아이는 인형을 갖고 노는 것이, 누구도 말하지 않지만 모두가 지키는 명확한 세상의 원칙이었다. 나는 부모님에게 "곰인형을 갖고 싶어요. 미미도 사주세요"라고 말할 자신이 없었다. 그러기에는 눈치가 지나치게 빠른 아이였다. 눈치가 빠른 아이란 슬픈 존재다.

*

그래서 나는 얼마 전 곰인형을 샀다. 한국 스트리트패션 브랜드 LMC에서 생산한 인형이다. 한국은 도메스틱 스트리트 브랜드로 넘친다. 독창적인 개성을 지닌 브랜드는 잘 없다. LMC는 개성이 있다. 이를테면 나는 그들이 몇 년 전 알 파치노 주연의 1983년 누아르 범죄영화 〈스카페이스〉를 주제로 생산한 컬렉션을 지금도 하나씩 사 모으는 중이다. 대중문화의 상징적인 존재를 패션으로 엮어내는 도전적인 시도는 아무나 할 수 있는 게 아니다. 몇 년 전부터 LMC는 브랜드 상징으로 곰을 내세우고 있다. 베어브릭과 협업한 상품도 생산한 바 있다. 그리고 그들은 아예 곰인형을 만들어버렸다. 주로 남성복을 만드는 한국 스트리트 브랜드가 생산한 곰인형 따위를 누가 사겠는가. 내가 샀다. 세상에는 나 같은 인간이 꽤 있을 것이다. 유년기 곰인형을 갖지 못한 슬픔을 다 큰 어른이 되어서 보상받고 싶어하는 남자들 말이다.

플로어 램프
당신의 밤도 타인의 낮보다 아름다워야만 한다

밤을 함께 보낼 생각이었다. 그렇다. 나는 지금 간지러운 연애가 농후해지기 위해 우리 모두가 겪었던 지난한 과정을 이야기하려 한다. 누군가와 처음으로 밤을 보낸다는 것은 꽤 긴장되는 일이다. 몇 가지 중요하게 확인해야 할 조건들이 있다. 이는 깨끗하게 닦았는가? 그렇다. 속옷을 예쁜 것으로 입었는가? 물론이다. 귀 뒤를 깨끗하게 씻었는가? 이건 많은 이들이 놓치는 부분이다. 귀는 의외로 냄새가 많이 나는 기관이다. 그러므로 손이 잘 안 가는 귀 뒷부분을 씻는 일은 중요하다. 다음, 다음, 다음……!

준비는 끝났다. 나는 그 사람의 집으로 갔다. 집은 깨끗하게 정리가 된 상태였다. 평소에는 절대 그렇지 않으리

라는 것쯤은 짐작할 수 있었다. 띠로리. 나는 그 사람의 얼굴을 봤다. 모든 게 너무 명확하고 명백하고 명징하게 눈에 들어왔다. 작은 솜털은 물론이고 며칠 전에 짠 여드름이 완전히 가라앉지 않아 약간 착색된 잡티마저도 보였다. 햇빛 아래서 보는 것보다 너무 많은 디테일이 순식간에 눈에 들어왔다. 나는 말했다.

"불을 끌까?"

그 사람은 말했다.

"불을 끄면 아무것도 안 보일 텐데."

"그래도 불을 끌까?"

그 사람은 불을 껐다. 아무것도 보이지 않았다. 아무것도 보이지 않는 상태에서는 아무것도 할 수가 없다. 그 사람은 다시 불을 켰다. 형광등이 켜졌다. 형광등 100개를 켜놓은 듯한 아우라. 지나치게 시각적인 정보가 많은 아우라. 나는 다시 깨달았다. 형광등은 사랑을 고백하고 나누기에 적절한 조명이 아니다.

한국인은 형광등을 사랑한다. 아니, 사랑한다기보다는 익숙해졌다고 말하는 편이 맞겠다. 여전히 많은 사람들이 거실과 방에 형광등을 설치한 채 살아간다. 나의 어머니는 다른 인테리어에는 꽤 신경을 쓰면서도 조명은 언제나 형광등이어야 한다고 믿었다. 아파트에 살던 대부분의 가족은 형광등을 켜고 살았다. 1990년대였다. 어머니는 항상 "사람은 밝게 살아야 한다"고 말했다. 밝게 살기 위해서 가장 적절한 등은 확실히 형광등이었다. 어머니는 "전기를 아껴야 한다"고 말했다. 그 시절에는 LED 전구가 거의 없었다. 당신은 둘 중 하나를 선택해야만 했다. 백열등 아니면 형광등. 백열등은 보다 태양에 가까운 빛을 내는 전구였지만 전기세가 많이 나왔다. 지나칠 정도로 뜨겁게 달궈지는 것도 문제였다. 오래 쓰면 갑자기 퓨즈가 퍽! 소리를 내며 끊어지곤 했다. 그렇게 형광등은 긴 수명과 높은 효율을 자랑하며 한국인의 거실을 지배했다.

나는 그 시절부터 형광등이 싫었다. 아무리 생각해도 형광등은 집을 밝히기 위한 등이 아니었다. 형광등의 문제는 밤의 진정한 아름다움을 제거한다는 것이다. 밤은 밤이다. 밤이 낮처럼 밝을 수는 없다. 밝아서는 안 된다. 형광등은 늦은 밤까지 일해야 하는 직장인을 위한 등이다. 당신의 업무 효율을 높여 최대한의 결과를 뽑아내기 위한 자본주의적 등이다. 병원에서 당신 몸 구석구석을 더욱 자세히

살펴 질병의 유무를 판단하기 위해 사용하는 등이다. 밤은 어둡기 때문에 아름답다. 우리가 살아가는 세상의 지나치게 많은 디테일을 감추기 때문에 아름답다. 우리는 밤을 서서히 제거해왔다. 한국은 지구에서 가장 업무시간이 긴 국가 중 하나다. 우리는 돈을 벌기 위해 살았다. 낮에도 벌고 밤에도 벌었다. 그래서 종종 집은 회사가 됐다. 서류 더미를 안고 집으로 돌아와 책상 앞에 앉아 일을 했다. 형광등의 푸르뎅뎅한 빛은 우리의 밤을 잠식했다. 나는 종종 이태원 새벽길을 걷다가 형광등이 층층이 켜진 제일기획 건물을 보며 생각한다. '자본주의 지옥이라는 것이 존재한다면 바로 저런 모습이겠군.'

*

혼자 살기 시작하면서 가장 먼저 한 일은 집안의 모든 직접조명을 바꾸는 것이었다. 흰색 형광등을 제거하고 노란 전구색 LED 조명을 천장에 달았다. 그러나 이 조명 역시 지나치게 밝았다. 형광등과 다를 바가 없었다. 간접조명이 필요했다. 나는 강박적으로 조명을 사들이기 시작했다. 처음 플로어 램프를 샀던 때를 기억한다. 램프 초보자에게 이케아는 가장 적절한 선택이었다. 이케아가 한국에 정식으로 매장을 내기 전이었다. 온라인에는 이케아 제품을 구매대행으로 구입할 수 있는 사이트들이 넘쳤다(지금은 재고를 정리하고 모두 사라졌다). 새로운 세계가 열리는 기분이었다. 스웨덴 사람들은 직접조명을 혐오하는 것이 분명했다. 그들은 천장에 거대한 형광등을 매달고 살지 않는 것이 틀림없었다. 다만 이케아의 문제는 지나치게 많은 종류의 플로어 램프를 구비하고 있다는 것이었다. 놀랍게도 이 많은 제품 중에서 사람들의 입에 오르내리는 핫한 램프들은 따로 있었다. 그 램프들은 단연코 예뻤다. 하지만 전국 수백만의 집에 있는 것과 똑같은 램프를 사고 싶지는 않았다. 예쁘면서도 좀 달라야 했다. 그렇다. 나는 꽤 까탈스러운 사람일지도 모른다.

마침 이케아는 가구 디자이너들과 컬래버레이션을 한 PS 라인을 생산했다. 그중에서도 가장 아름다운, 아마 이케아 역사상 최고의 걸작으로 남을 플로어 램프는 스웨덴 스톡홀름의 여성 디자이너 집단인 프론트FRONT와 협업한 스바르바였다. 단단한 나무 재질로 만들어진 이 하얀색 플로어 램프에는 비뚤비뚤한 유머가 있었다. 스바르바 램프는 이케아치고는 꽤 비쌌지만 그나마 합리적인 가격으로 프론트의 작품을 집에 들일 수 있는 거의 유일한 기회를 제공하는 작품이었다.

슬프게도 스바르바 램프는 살바도르 달리가 참여한 듯한 초현실주의적 디자인에도 불구하고 결국 이케아 제품이었다. 플라스틱으로 된 갓은 몇 년이 지나자 삭아서 조각조각이 났다. 퓨즈도 나가버렸다. 이케아에 문의했더니 더는 생산되지 않는다고 했다. 그럼에도 나는 이 걸작을 도무지 버릴 수가 없었다. 그래서 갓은 떼어내고 프랑스에서 사온 아기 천사 흉상을 스탠드 위에 붙여서 진정한 예술을 창조했다. 내 집을 방문하는 사람들이 가장 소스라치게 놀라는 괴이한 현대미술이 탄생한 것이다.

나의 집은 플로어 램프가 넘친다. 루이스폴센의 판텔라는 한국 인테리어 잡지와 인스타그램에 지나치게 자주 등장하는 램프지만 사지 않을 도리가 없었다. 이 루이스폴센 최고의 걸작은 무엇보다도 전구의 빛을 가장 은은하게 널리 퍼뜨린다는 장점이 있다. 아름다운 동시에 실용적이다. 이런 램프는 의외로 찾기가 힘들다. 플로스의 IC 플로어 램프는 마치 달덩어리를 매달아놓은 듯 간결한 디자인 때문에 구입했다. 이 램프의 문제는 빛의 양은 조절할 수 있지만 발로 밟거나 손으로 눌러서 끄는 버튼이 없다는 것이다. 하지만 어떤가. 어떤 물건은 그냥 아름답기만 해도 좋은 법이다.

가장 최근에 산 램프는 덴마크의 산업 디자이너이자 모더니즘 디자인의 대가 세실리에 만즈가 디자인한 프리츠한센의 카라바지오 플로어 램프다. 종종 방문하는 스웨덴 인테리어 쇼핑몰에서 80퍼센트 세일을 한다는 문구에 그냥 넘어갈 수가 없었다. 플라스틱이 아니라 육중한 철로 만든 조명이다. 거대한 갓은 원하는 방향으로 움직일 수도 있다. 한 가지 문제는 빛이 넓게 퍼지지는 않는다는 점인데, 뭔 상관이겠는가. 카라바지오 램프는 그냥 아름다운 오브제로서 제 역할을 충분히 해내고 있다.

*

 나는 귀가하는 순간 어둠을 헤집고 돌아다니며 거실과 방에 놓여 있는 플로어 램프들을 하나씩 켠다. 어쩌면 당신은 이 글을 읽으며 "그런 귀찮은 짓을 매일 하다니!"라고 놀랄지도 모르겠다. 하지만 이건 일종의 의식 같은 것이다. 플로어 램프들이 내뿜는 따뜻한 전구색 빛이 은은하게 집 안을 채우는 순간, 나는 집에 돌아왔다는 사실을 깨닫는다. 마침내 밤다운 밤이 왔다는 사실을 깨닫는다. 작업실과 회사 천장에 박혀서 빛의 수호자처럼 호령하는 형광등의 절규로부터 벗어났다는 사실에 안도한다. 물론 가끔 서울을 방문하는 어머니는 내 집의 플로어 램프들을 여전히 못마땅해하신다.

 "사람은 밝게 살아야 하는데 이 집은 너무 동굴 같아. 이런 집에서 살면 우울증 걸려."

 나는 어머니에게 차마 이 말을 하지 못했다.

 "어머니, 이 조명들과 함께라면 집으로 찾아온 모든 연애 상대들의 얼굴과 몸이 훨씬 예뻐 보이는 장점이 있습니다."

 이건 형광등파인 어머니의 말문을 막기 위한 것만은

아니다. 전구색 빛으로 가득한 플로어 램프들은 오늘도 나에게 속삭인다. 당신의 밤도 타인의 낮보다 아름다울 수 있다고. 아니, 아름다워야만 한다고.

책
활자중독자의 장렬한 최후

 나는 활자중독자다. 나에게 쉰다는 것은 활자를 본다는 의미다. 뭐라도 봐야 한다. 책을 읽을 여유 있는 상황이 아니라면 스마트폰으로 뉴스라도 읽어야 한다. 혹은 페이스북에 새로 올라온 게시물이라도 확인해야 한다. 그래서 나는 여행을 갈 때 책을 짊어지고 가는 재수없는 인간이 됐다. 아니다. 나는 여행을 갈 때 책을 챙기는 독자 여러분을 재수없다고 말하려는 게 아니다. 아마 이 책을 읽고 있는 독자라면 활자의 즐거움을 아는, 아주 재수 있는 사람일 게 틀림없다. 다만 당신도 이미 겪었을 것이다. 여행가방에 책을 넣었다는 이유만으로 아주 미묘하고 은밀하게 재수없다는 표정을 짓는 사람들과 마주한 경험이 분명히 있을 것이다. 무시하라. 경멸하라. 그들은 활자의 즐거움을 모르는 딱

하고 가엾은 사람들이다.

책이라는 게 꼭 바쁜 시간을 쪼개어 읽어야 하는 건 아니다. 또 같은 책이라도 서울의 탁한 공기에서 읽는 것과 태국 리조트의 습하지만 맑은 공기에서 읽는 것은 다르다. 여행지에 따라 어울리는 책도 따로 있다. 천명관의 소설 『고래』는 확실히 서울에서 읽어야 한다. 하루키의 책은 오키나와 혹은 일본의 느긋한 소도시에서 읽어야 좋다. 휴양지를 갈 때는 오히려 손에 땀을 쥐게 만드는 장르소설이 어울린다. 너무 느긋한 곳에서 너무 느긋한 책을 읽으려 시도하면 활자가 마구 공기 중으로 날아가는 경험을 겪게 될 것이다. 이건 다 내 경험에 따른 여행지 독서법이니 꼭 따라 할 필요는 없다. 참, 지금 여러분이 읽고 있는 이 책은 어디서 읽어도 잘 어울릴 것 같다.

어쨌든 책을 좋아하는 당신은 책이 많을 것이다. 나도 책이 많다. 징그러울 정도로 많다. 이전 아파트에 살 때는 책장이 가득차서 아예 책을 바닥에 쌓아놓고 살았다. 한 3년을 계속 쌓아두자 언젠가는 무너질 수밖에 없는 바벨탑이 됐다. 밤마다 바닥에 깔린 책들이 각종 언어로 비명을 지르는 소리가 들려왔다. 나는 그 비명을 무시하고 대신 바벨탑을 무너뜨리지 않는 기술을 익혔다. 마치 젠가처럼 책의 크기와 무게에 따라 책을 계속 쌓을 수 있는 기술을 획득했다. 사실 나는 이 바벨탑으로 친구들과 젠가 놀이를 할 수도 있었다. 하지만 그러지는 않았다. 무너지고 나면 어차피 다시 쌓아야 할 탑이었다. 이사를 가지 않고서야 해결될 수 있는 문제가 아니었다.

이사를 하면서 책의 절반을 버렸다. 아니, 팔았다. 알라딘 중고서점에 일괄적으로 팔아치우는 것은 그리 쉬운 일이 아니었다. 무엇보다도 어떤 책을 간직하고 어떤 책을 버릴지를 결정해야 했다. 책을 좋아하는 사람들이라면 세상에서 가장 버리기 힘든 물건이 책이라는 사실을 잘 알고 있을 테다. 책을 정리하려고 하나씩 들춰보기 시작하자 며칠이 흘렀다. 어떤 책은 아직 다 읽지 않아서 버릴 수가 없었다. 어떤 책은 선물받은 것이어서 버릴 수가 없었다. 어떤 책은 또 읽고 싶어질 것 같아서 버릴 수가 없었다. 어떤 책은 디자인이 예뻐서 버릴 수가 없었다. 어떤 책은 그 책을 산 시절의 기억이 남아 있어서 버릴 수가 없었다. 한눈에 봐도 버릴 수 있는 책은 잡지사에서 일하던 시절 대선후보

관련 글을 쓰기 위해 샀던 그들의 에세이들밖에 없었다. 박근혜와 문재인과 안철수를 버리는 건 딱히 어려운 일은 아니었다. 그렇게 내가 가진 책의 절반을 팔아치우는 데 거의 몇 달이 걸렸다.

가장 큰 방을 책방으로 정했다. 보통은 침실로 지정할 법한 방을 서재로 꾸미고, 출입문 바로 앞에 있는 작은방을 침실로 만들었다. 책장에 딱히 돈을 들이지는 않았다. 데스커에서 나오는 사무용 책장을 벽에 붙인 뒤 아무렇게나 책들을 쌓아올렸다. 나름대로는 꽤 공을 들였다. 책을 읽기 위한 램프와 편안한 라운지소파를 들였다. 카펫을 깔았다. 나는 머릿속으로 상상했다. 이전 집처럼 거실과 책상 위, 하여간 보이는 곳곳에 책을 아무렇게나 두는 일은 없을 것이다. 책은 오로지 서재에만 있어야 한다. 책을 읽고 싶을 땐 거실의 소파를 떠나 서재의 라운지소파에 앉아 교양 있고 바른 자세로 우아하게 책을 볼 것이다. 나는 그렇게 다짐했다.

*

다짐은 무너졌다. 바벨탑처럼 무너졌다. 나는 이사를 오고 나서도 계속 책을 샀다. 책이라는 것은 읽기 위해 사는 것이 아니다. 갖기 위해 사는 것이다. 알라딘과 예스24와 교보문고의 VIP 등급의 독자라면 이 명제를 이미 잘 알고 있을 터이다. 우리는 어디선가 추천받은 혹은 항상 기다리던 작가의 신간이 나오는 순간 온라인 서점에 들어간다. 반드시 그 책 하나만 주문하리라 맹세하며 접속한다. 맹세는 곧 파괴된다. 온라인 서점들의 '이 신간을 사지 않으면 당신은 진정한 독서가가 아니다!'라고 부르짖는 배너에 현혹되는 순간 장바구니의 책은 점점 늘어난다. 오프라인 서점이라면 책의 무게를 가늠하며 절약하는 행위가 가능하다. 교보문고 봉투를 가득 채워서 양손에 들고 다니는 건 우리처럼 팔이 가늘고 나약한 독서광들에게는 불가능한 일이다. 온라인 서점은 활자의 국제우주정거장이다. 물리적 무게로부터 완벽하게 자유로운 세계다. 그래서 당신은 오늘도 평생 읽지 않을 것이 틀림없는, 예쁘고 쓸모없는 책더미를 택배로 받은 뒤 후회하고야 마는 것이다.

나 역시 지난 몇 년간 끊임없이 책을 샀다. 읽기 위해서 샀고, 보기 위해서 샀으며, 커피테이블 위에 놓고 감상하기 위해서 샀다. 내 이름으로 된 책을 몇 권 내자 출판사들이 보내주는 책의 수도 늘어나기 시작했다. '작가님! ○○작가님의 새로운 책이 나와서 보내드립니다'라는 메시지는 사실 '인스타그램에 올려서 홍보 좀 도와주세요'라는 의미에 가깝다. 친한 작가의 책은 어떻게든 빠르게 읽어내야만 한다. 그리고 인스타그램에 올려서 태그를 걸어야만 한다. 그것은 어쩔 도리가 없는 친목적 행위다. 아니다. 나는 그런 행위가 싫다고 이야기하려는 것이 아니다. 책을 좋아하는 나로서는 공짜로 보내주는 책을 마다할 이유가 전혀 없다. 친한 작가의 책을 읽다가 오타를 찾아낸 뒤 출판사 직원에게 알려주는 건 나의 은밀한 취미 중 하나가 됐다.

다만 책이 많아지자 더는 감당할 수가 없게 됐다. 책장은 이미 책을 토해내고 싶어하는 표정이 됐다. 책장이 무슨 표정을 짓냐고? 짓는다. 책이 많아지면 책장이 직선에서 곡선으로 묘하게 변하며 전혀 다른 표정으로 바뀐다. 데스커의 책장이 지나치게 약하게 만들어졌다고 불평하는 건 아니다. 수백 년 된 마호가니나무로 짠 책장이 아니라면 첩첩이 쌓아올린 책을 감당하기란 불가능한 일이다. 그래서 책은 책방을 떠나 거실로 진출하기 시작했다. 침실로 진출하기 시작했다. 더는 늘어난 인구를 감당할 수 없어 우주 식민지로 떠나는 SF소설 속 인류처럼 다급하게 집안 곳곳으로 진출하기 시작했다. 나는 끊임없이 저항했다. 거실로 나온 책들을 다시 책방으로 가져가 책장 빈 곳에 쑤셔넣었다. 그렇지 않으면 굳이 책방을 만든 이유가 없었다. 맥시멀리스트인 나에게는 책말고도 지나치게 많은 물건이 있다. 물건들이 늘어나는 걸 막을 수 없다면 책이라도 정리하며 살아야 했다.

저항은 무의미했다. 이미 진출한 책들을 책방으로 돌려보내는 것은 불가능한 일이었다. 그건 나의 게으름 때문이기도 했다. 몸을 움직여 책방 라운지소파로 가서 독서를 하는 근면함 따위는 나의 DNA에 없었다. 거실 소파에서 책을 읽고 침대에서 책을 읽는 즐거움과 안락함을 외면할 이유도 없었다. 나는 굴복했다. 집안 곳곳으로 침입한 책에게 무릎을 꿇었다.

사실 책이라는 건 우리가 집에 들일 수 있는 가장 아름다운 오브제다. 책은 쌓아두어도 지저분해 보이지 않는 유일한 오브제일지도 모른다. 그래서 나는 그냥 책에 둘러싸여 살기를 선택했다. 공들여 만든 책방은 무슨 용도로 쓰냐고? 그 방은 고양이의 공간이 됐다. 고양이는 책 냄새를 좋아하는 모양이다. 그러니 이건 꽤 쓸 만한 거래였다고 할 수 있을 것이다.

CD플레이어와 LP플레이어
음악 가득한 허공에 돈을 바치다

 나는 소음 없이 못 사는 사람이다. 마산에서 시작된 내 인생은 부산을 거쳐 서울에 도달했다. 크기의 차이는 있지만 모두 도시였다. 모두 아파트였다. 아파트 단지 너머에서 들려오는 자동차 소리는 사회적 소음의 디폴트값이었다. 사람이 사는 곳에 당연히 자동차가 달리겠지. 유년기에도 나는 그렇게 생각했다. 도시의 소음이 들리지 않는 시골에 가면 조금 당황했다. 모든 게 지나치게 조용했다. 들리는 건 풀벌레 소리밖에 없었다. 어른들은 그게 편안하고 안정감을 준다고 말했지만 나는 지루하고 불안했다. 얼른 사람과 자동차가 신호도 제대로 지키지 않고 마구 얽혀 있는 1980년대의 도시로 돌아가고 싶었다.

아무리 노이즈 캔슬링 이어폰을 끼고 있어도 도시의 소음은 끝끝내 우리의 고막 속으로 도달하고야 만다. 나는 그것이 나쁘지 않았다. 오히려 살아 있음을 확인해주는 이상한 안정감이 들기도 했다. 나는 베란다 창을 열면 눈에 들어오는 완벽한 회색의 마포대로가 나의 정서적 생명줄 같은 게 아닌가 싶을 때도 있다. 맞다, 이건 병이다. 도시에서 태어났기 때문에 무엇이 나에게 정서적인 안정을 주는지도 제대로 파악하지 못하는 병이다.

*

인테리어의 모든 것을 갖추었다는 만족감이 들 무렵, 한 가지가 빠져 있다는 의심이 서서히 들기 시작했다. 조명도 충분했다. 향도 충분했다. 고양이를 껴안고 잠시 소파에 누워 새로운 집을 즐기고 있는데 갑자기 마포대로 소음이 귀를 직격하기 시작했다. 평소에는 그다지 신경쓰지 않던 소음이었다. 다시 말하지만 나는 도시의 소음을 사랑하던 사람이다. 그날은 좀 이상했다. 구급차가 몇 대나 지나가고 있었다. 급정거하는 자동차의 타이어가 내는 찢어지는 고무 소리도 거슬렸다. 누군가 아파트 베란다에서 창밖을 향해 소리치고 있었다. 도대체 어떤 영문인지는 모르겠지만 그가 말하는 한마디 한마디가 귀에 꽂혔다. 나는 베란다 창문을 닫고 생각했다. 음악, 음악이다. 음악을 들어야겠다.

멜론으로 검색해 이어폰으로 음악을 듣고 싶지는 않았다. 공간을 가득 채우는 음악이 듣고 싶었다. 문제가 하나 있었다. 나는 어떻게 봐도 오디오광이 아니다. 오디오 세트와 스피커에 수천만 원을 들이느니 더 거대한 TV를 사는 편이 낫다고 생각하는 영화평론가다. 그래서 내가 당시 갖고 있던, 스피커를 통해 음악을 들을 수 있는 유일한 장비는 무인양품의 벽걸이 CD플레이어였다. 나는 정말이지 이 제품은 역사에 길이 남을 산업 디자인의 궁극적인 성취라고 생각한다. 일본 산업 디자이너 후카사와 나오토는 모든 디자이너가 일생에 한 번 꿈꿀까 말까 한 걸작을 이미 내놓은 것이다.

아, 문제는 디자인이 아니다. 무인양품 벽걸이 CD플레이어는 아름다운 오브제다. 하지만 CD플레이어로서의 성능은 확연히 떨어진다. 내장된 스피커는 크기를 생각하자면 의외로 훌륭하지만 역시 본격적으로 음악을 듣기에는 힘이 많이 달린다. 예쁜 것을 원한다면 반드시 구입하시라. 이건 디자인의 역사를 소장하는 가장 저렴한 방법 중 하나다. 본격적으로 음악을 듣고 싶다면? 이보다는 흉측하지만 소리를 제대로 내는 저렴한 오디오기기는 어디에나 있다. 선택하시면 된다. 물론 지금 이 책을 읽는 독자 중 몇 명은 무인양품 온라인 상점에 이미 접속하고 있을지 모른다. 평소에 항상 생각했던 위시리스트의 구매 버튼을 제가 눌러드린 셈이다.

사실 CD의 시대는 완전히 갔다. 더는 누구도 CD플레이어로 음악을 듣지 않는다. 내가 가진 CD는 모두 잡지사에서 일할 때 음반회사 직원에게 홍보용으로 받은 것이다. 더는 새로운 CD를 사지 않는다. 모든 것은 디지털화됐다. 스포티파이 같은 스트리밍 회사들이 제공하는 디지털 음원의 음질은 생각보다 굉장하다. 스마트폰이 우리의 오디오 세트가 됐다. 그러니 필요한 건 하나였다. 스마트폰과 연결할 수 있는 스피커. 스피커를 사야 했다. 좋은 스피커를 사고 싶었다. 이건 다른 말로 하자면, 밤샘 마감으로 번 돈을 기어이 음악이 울리는 허공에다 날리겠다는 결정을 내렸다는 뜻이다.

스피커의 세계는 확실히 대단했다. 10대 시절 한창 헤비메탈에 빠져 있을 때, 나는 본 조비와 건스 앤 로지스의 콘서트 영상에서 뭔가 굉장한 브랜드들을 발견했다. 보스, 마샬 로고가 거대하게 붙어 있는 엄청난 크기의 스피커들은 압도적으로 아름다웠다. 저 앞에서 음악을 듣는다면 얼마나 짜릿할까. 언젠가 나이가 들면 꼭 저 브랜드의 스피커들을 사겠다, 결심했다. 하지만 음악평론가 친구가 집에 놀러와서 던진 한마디가 10대 시절 시작된 오랜 결심을 저지했다.

"위아래 방음도 잘 안 되는 아파트에 하이엔드 스피커를 놓겠다고? 볼륨 절반은커녕 2단계 위로는 올리지도 못하겠네."

내가 오랫동안 고민한 뒤 선택한 제품은 마샬의 블루투스 스피커였다. 마샬은 전문가를 위한 기타 앰프, 스피커만 고집스레 만들던 회사였지만 변하는 시대에 적응해야만 했다. 그래서 그들은 2010년대 초부터 대중을 위한 블루투스 스피커를 제조하기 시작했다. 음질은 마샬이라는 이름을 생각하면 좀 무난한 편이지만 기타 앰프와 똑같이 생긴 레트로 디자인의 매력 덕에 꽤 인기를 모았다. 오랜 마샬 팬이었던 나로서는 이보다 더 좋은 선택은 없었다. 나는 가장 작은 액톤 모델을 샀다. 조금 더 큰 모델을 샀어야 했나 고민하며 음악을 틀었다. 괜한 고민이었다. 나는 이 작은 모델의 볼륨도 5단계 이상으로 올려본 적이 없다. 결국 공동주택에 산다는 건 거대한 하이엔드 스피커의 웅장한 울림을 물리적으로 직접 느낄 수 없다는 의미였다. 포기할 건 포기하고 사는 것이 도시인의 자세다.

*

물론 내가 LP, 그러니까 바이닐Vinyl을 사는 취미로 이동하지 않았다고 말하면 완벽한 거짓말이 될 터이다. 마흔이 넘은 나이에도 스물여섯 힙스터들이 하는 건 조금 늦게라도 해봐야 직성이 풀리는 성격 탓이었다. 아니, 그보다는 현대카드 때문이었다. 현대카드라는 회사는 여러분이 모두 그랬듯이 세세한 득실은 따져보지도 않고 오직 디자인만으로 카드를 발급하게 만드는 괘씸한 기술이 있다. 만약 이 글을 읽는 당신이 현대카드 직원이라면, 오해 마시라. 나는 지금 당신이 일하는 카드 회사의 놀라운 디자인 전략을 돈도 안 받고 침이 마르도록 칭찬하는 중이니까 말이다.

한남동을 자주 찾는 나는 가장 목 좋은 곳에 만든 레코드숍 '바이닐&플라스틱'이 항상 거슬렸다. 이곳은 현대카드 소지자만 물건을 구입할 수 있다. 나도 오랜 현대카드 소지자다. 등급도 올려주지 않는데 예쁘다는 이유로 꾸역꾸역 이것만 쓰고 있다. 딱히 뭔가 엄청난 혜택을 보는 것 같지도 않은데 말이다. 게다가 LP플레이어가 없다는 이유만으로 저 가게에서도 혜택을 받을 수 없다고 생각하니 화가 치솟았다. 원래 나는 화가 많은 사람은 아니지만 다들 그렇지 않나? 수백만 원짜리 발렌시아가 코트는 호쾌하게 구입하면서도, 마트에서 요거트 할인 상품을 제대로 할인받지 못했다는 사실을 뒤늦게 깨달았을 때는 화가 나게 마련이다. 이게 제대로 된 비유인지는 모르겠다만. 어쨌든 나는 LP플레이어를 사기로 했다.

주변 오디오광들의 추천을 받기 시작하자 끝이 나질 않았다. 모두가 다른 브랜드를 이야기했다. 모두가 다른 가격을 이야기했다. 다들 약간 뻐기고 있었다. 이 정도는 들어줘야 진정한 LP광이지. 그래서 나는 모두를 배신하기로 했다. LP광들은 LP플레이어와 스피커가 물리적인 선으로 연결되지 않으면 진정한 음질을 느낄 수 없다고들 주장한다. 웃기고들 있어. 어차피 지금 세상은 선이 사라지는 시대야. 레트로 취미도 퓨처리스틱하게 즐기겠어. 그래서 나는 현대카드 포인트몰에 들어가 가격의 절반은 포인트로 지불할 수 있는 소니의 10만 원대 블루투스 LP플레이어를 샀다. 대체 언제 적 소니인가. 심지어 모든 새로운 LP플레이어들이 레트로 디자인을 내세우는 것과 달리 그냥 검은색 플라스틱으로 된, 압도적으로 아무 디자인도 없는 제품이었다.

만족하냐고? 글쎄. 인스타에 올려 자랑하려면 조금 더 좋은 것을 사야 했을까? 하지만 이 무뚝뚝하게 생긴 LP플레이어는 내가 가진 마샬 스피커와 블루투스 연결이 정말 잘된다. 블루투스 연결이 잘 안 되는 고질적인 단점이 있는 스피커와 궁합이 좋다면 더 바랄 건 없다. 모든 것은 궁합이 우선이다.

그릇
식탁에서 부릴 수 있는
가장 사치스러운 즐거움

나는 요리를 하지 않는다. 대체 언제부터 이 지경이 되었는지 모르겠다. 사실 나는 곧잘 요리를 했다. 물론 요리라고 부를 수 있는 요리는 아니었다. 요리보다는 조리에 더 가깝다고 해야 할 것이다. 그래도 김치볶음밥과 김치찌개는 꽤 잘하는 편이었다. 볶음요리는 대개 버터를 사용하는 편이다. 그렇다, 이건 치트키다. 뭘 볶든지 버터를 넣으면 다 맛있어지는 법이기 때문이다. 나의 시그니처 요리는 이즈니 버터를 넣은 시금치 돼지고기 볶음이다. 그렇다, 이건 완벽한 치트키다. 뭘 볶든지 이즈니 버터를 넣으면 맛이 있을 수밖에 없다.

언젠가부터 나는 요리를 멈췄다. 음식 배달앱이 원흉

이었다. 배달앱이 늘어나자 시켜 먹을 수 있는 음식이 순식간에 늘어났다. 예전에는 배달이라고 하면 중국집 정도가 다였다. 이젠 을밀대의 평양냉면, 굴다리식당의 김치찌개뿐 아니라 함루의 나고야식 장어덮밥인 히츠마부시까지 간단하게 배달로 시킬 수가 있다. 그렇다. 이건 다 마포구 공덕동 주변의 맛집이다. 나는 아현동에 살고 있어서 공덕동은 물론 가까운 광화문, 명동, 이태원의 맛집 음식까지 배달시킬 수가 있다. 그러자 어느 순간부터 음식을 만들지 않게 됐다. 나는 김치찌개를 정말 맛있게 만드는 편이지만 서울 3대 김치찌개 맛집이라는 굴다리식당의 김치찌개에 비할 바는 아니다. 그걸 단돈 9천 원에 배달시켜 먹을 수 있는데 왜 직접 만들어야 하는가 말이다.

물론 만들어야 하는 이유는 많다. 배달음식만 먹고 사는 게 아주 건강한 삶의 방식일 리는 없다. 아니다, 잠깐, 솔직히 말하자면 내가 만드는 음식도 건강하지는 않았다. 버터를 잔뜩 넣은 볶음요리가 몸에 좋을 리는 없지 않은가. 나는 콜레스테롤 수치도 높은 편이라 고지혈증약을 먹고 있다. 그래도 직접 만든 찌개는 미원 같은 MSG도 넣지 않으니 건강하지 않겠냐? 나는 MSG의 위험이 지나치게 과

장됐다고 믿는 사람이다. 맛없는 음식을 먹느니 설사 몸에 안 좋더라도 미원을 넣어서 맛있어진 음식을 먹는 편이 낫다. 그래서 나는 배달음식의 깊은 함정에 빠졌다. 요리하는 행위가 귀찮게 여겨지고 나면 돌아갈 수 있는 길은 없다.

배달음식으로 끼니를 때우기 시작하자 식사시간이 영 재미가 없어졌다. 배달음식은 모두 플라스틱 용기에 담겨서 온다. 일단 플라스틱 용기가 환경에 좋지 않다는 사실은 모두가 알고 있다. 건강에도 좋을 리가 없다. 거기까지는 괜찮았다. 나는 환경보호론자지만 환경보호를 위해 내 생활의 편리함까지 억누를 정도의 환경주의자는 아니다. 지난 10년간 햇반만 먹은 주제에 플라스틱 용기를 피한다는 것도 어불성설이다. 문제는 미학이었다. 식사의 미학, 식탁의 미학, 그릇의 미학, 결과적으로는 삶의 미학.

어쩐지 구질구질했다. 온갖 플라스틱 용기를 식탁에 펼쳐놓고 밥을 먹는 행위가 일종의 배신처럼 느껴지기 시작했다. 집안의 가구는 마음에 쏙 드는 것으로 채워놓고 정작 식사는 플라스틱 용기 그대로 먹는 생활이라니. 그런 건 내 마음이 허락하질 않았다. 그래서 결심했다. 요리를 하기로 결심했냐고? 그럴 리가. 배달음식도 무조건 그릇에 옮겨서 먹기로 결심했다. 가만 생각해보면 이건 좀 가식적인 행위일 수 있다. 어차피 배달음식은 플라스틱 용기에 담겨서 온다. 그걸 그릇에 담아 먹는다고 플라스틱 쓰레기가 줄지는 않는다. 게다가 플라스틱 용기와 그릇을 모두 씻어야 하니 물도 세제도 두 배로 든다. 이건 결코 환경에 도움이 되는 결정일 리 없다. 그러나 나는 환경운동가 그레타 툰베리가 아니다. 환경보다는 내 삶의 미학적 기준이 더 중요했다. 그렇다. 당신이 '정치적으로 올바르지 못한 식사 행위에 대한 글'이라고 생각한다 하더라도 적극적으로 방어할 생각이 없다.

*

사실 나는 그릇이 꽤 많다. 20~30대 시절 외국만 나가면 그릇을 사들고 들어왔다. 시작은 베를린이었을 것이다. 20년 전 베를린에 처음 갔을 때 나는 구동독 동베를린 사람들이 썼던 물건을 파는 빈티지숍에 완전히 매료됐다. DDR(독일민주공화국)라고 불리는 구동독의 빈티지들은 다른 도시의 빈티지들과는 조금 달랐다. 일단 색감과 패턴이 기하학적으로 화려했다. 런던 벼룩시장에 나온 그릇들이 소박하고 파리의 벼룩시장에 나온 그릇들이 우아하다면 베를린 벼룩시장에 나온 그릇들은 키치했다. 나는 소박하고 우아한 것보다는 키치한 것을 좋아한다. 게다가 동베를린 주민들은 오렌지색을 숭배한 것이 분명했다. 이건 우연의 일치이지만 나 역시 1960~1970년대 유럽 디자이너들이 자주 사용했던 오렌지색을 사랑한다. 내 집은 오렌지색이 일종의 키 컬러다. 오렌지색이 현대적인 집에 어울리는 색은 아니지만, 괜찮다. 내 집은 현대적인 집이 아니다.

베를린에 갈 때마다 접시를 바리바리 가져왔다. 베를린의 빈티지 그릇들은 파리의 빈티지 그릇처럼 비싸지도 않다. 유명한 특정 브랜드가 있는 것도 아니다. 당신이 만약 핀란드에 간다면 아라비아핀란드의 빈티지 그릇들을 잔뜩 사 오게 될 것이다. 덴마크에 간다면 로얄코펜하겐의 그릇들을 사 오게 될 것이다. 참고로 말하자면 내 어머니 취향은 로얄코펜하겐에 가깝다. 내가 어린 시절부터 그녀는 로얄코펜하겐 도자기를 모았는데 그 모든 수집품은 부산 집 거실의 번드르르한 이탈리아산 찬장 안에 먼지 하나 없이 보관되어 있다. 나는 어머니가 로얄코펜하겐 찻잔에 담아주는 커피를 단 한 잔도 마신 적이 없다. 그녀에게 로얄코펜하겐은 사람의 손이 닿아서는 안 되는 컬렉션에 더 가깝다. 언젠가 어머니가 그 잔에 커피를 담아주는 날이 오기만을 바랄 뿐이다.

매년 베를린 영화제 출장을 간 덕에 동베를린 그릇은 점점 늘어났다. 그러자 그릇 욕심이 생기기 시작했다. 다른 도시에 가도 그릇을 찾아다녔다. 파리에서 이가 빠진 아라비아핀란드 커피잔을 발견했을 때는 샹젤리제 한가운데서 샹송 〈오 샹젤리제〉를 부르고 싶어질 정도로 기뻤다. 모로코에 갔을 때는 모로코 사람들이 커피나 차를 담아 먹는 작은 유리잔 세트를 지나치게 저렴한 가격에 살 수 있었다. 스페인에 갔을 때는 '이 나라는 그릇으로 유명한 나라는 아니니까 그릇 쇼핑을 할 필요는 없겠다'고 나름 안도했다. 그럴 리가. LGTB 커뮤니티가 성장하면서 마드리드의 힙한 동네로 뜨는 있는 추에카에 갔다가 작은 그릇 가게를 발견했다. 게이 아티스트가 혼자 운영하는 도자기 가게였다. 모든 도자기의 테마가 게이였다. 나름 아티스트의 작품이라 가격이 꽤 비쌌다. 하지만 나는 카드를 내밀었다.

"이런 건 세상 어디에서도 구할 수 없어!"

나는 중얼거리며 꽤 비싼 가격을 스스로 합리화했다.

그릇 쇼핑을 그만두게 된 건 마지막으로 베를린에 갔을 때였다. 그릇 욕심에 대여섯 장의 접시를 구입했는데 도무지 슈트케이스 안에 넣을 수가 없었다. 그릇은 깨지기 쉬운 물건이지만 포장만 제대로 한다면 슈트케이스에 넣어 들고 올 수 있다(물론 당신의 슈트케이스는 하드케이스여야만 한다). 하지만 옷을 지나치게 많이 산 탓에 그릇을 넣을 자리가 없었다. 그래서 나는 그릇을 오래된 신문으로 포장한 뒤 끈을 묶어서 한 손으로 들 수 있게 만들었다.

지옥이 시작됐다. 밀라노 출장과 얽힌 일정이라 비행기를 두 번이나 갈아타야 했다. 신문지에 싼 무거운 그릇은 고통이었다. 나는 복잡하고 불친절한 밀라노 공항에서, 유럽에서 쓴 세금을 환급받기 위해 이리저리 뛰어다니다 손에 든 그릇을 모조리 던져버리고 싶은 기분에 휩싸였다. 사서 고생이라는 게 바로 이런 것이라고 생각하면서 말이다. 물론 공항을 뜨는 순간 나는 그 고통을 완전히 잊었다. 그릇 욕심이라는 건 그깟 공항에서의 육체적 고난으로 사라질 수 있는 게 아니다. 찬장을 지나치게 많은 그릇들로 꽉

꽉 채우고 사는 당신은 내 마음을 충분히 이해할 수 있을 것이다.

*

오늘 공덕동의 파스타를 잘하는 집에서 차돌 알리오올리오를 주문했다. 차돌 알리오올리오라니, 이 무슨 해괴한 한국식 파스타인가 싶겠지만 생각보다 꽤 맛이 괜찮다. 나는 플라스틱 용기에 든 알리오올리오를 베를린에서 사온 빈티지 그릇으로 옮겼다. 일본에서 사온 빈티지 그릇에 피클을 담았다. 모로코에서 사온 물잔에 콜라를 따랐다. 누가 보지도 않지만 가장 우아한 식탁을 차렸다. 나는 앞으로도 요리를 하지 않을 것이다. 하지만 계속해서 배달음식을 빈티지 그릇에 담아 먹을 것이다. 이것이야말로 내가 식탁에서 부릴 수 있는 가장 사치스러운 즐거움이라고 생각하면서 말이다. 요리를 못하는 사람도 요리를 아름답게 먹을 권리는 있는 법이다.

빈티지 블랭킷
무책임한 야마꾼이 들려주는
야마가 있는 물건 이야기

또 성격이 분명한 물건을 샀다. 이번에는 블랭킷이다. 미국 미식축구팀 피츠버그스틸러스의 마스코트와 로고가 새겨져 있는 빈티지 블랭킷이다. 이걸 빈티지 사이트에서 발견하자마자 육성으로 소리를 질렀다. 반드시 사야겠다고 결심했다. 판매자의 설명은 이랬다.

"야마가 있는 물건입니다."

캬, 야마가 있는 물건이라면 사지 않을 도리가 없다. 야마란 무엇인가. 우리는 화가 나면 "야마가 돈다"고 한다. 여기서 야마는 머리를 의미한다. 머리가 돈다는 소리다. 정작 일본어 야마やま에는 머리라는 의미가 없다. 그렇다면 대체 우리는 왜 이 말을 머리라는 의미의 일본말인 양 쓰고 있는 걸까. 사람들의 추측에 따르면 일제강점기 때에 잘못 사

용된 단어가 해방 이후에도 그대로 사용되면서 고착된 것이라고 한다. 어쨌든 한번 잘못 쓰이기 시작한 야마는 이제 한국어의 모든 영역에서 버릇처럼 사용되는 단어가 되어버렸다.

*

내가 야마라는 말을 자주 듣기 시작한 건 2000년대 초반, 기자로 일을 하면서부터였다. 기획안을 가지고 갔더니 편집장이 말했다.

"이 기획은 야마가 뭐야?"

나는 고민했다. 야마? 머리? 내가 머리가 없다는 이야긴가? 내 머리가 나쁘다고 하시는 건가? 참고로 말하자면 내가 일을 시작한 잡지사의 선배들은 한 명도 빠짐없이 서·연·고대를 졸업한 똑똑한 사람들이었다. 그러니까 저런 고민은 어쩌면 나의 학벌 콤플렉스에서 비롯된 망상이었다고 할 수 있을 것이다. 학벌 콤플렉스의 망상에 빠져 울상이 된 나에게 편집장은 다시 말했다.

"야마, 아니 그러니까 이 기사의 주제가 대체 뭐냐고."

그랬다. 야마는 기사의 주제, 그러니까 독자에게 말하고자 하는 가장 중요한 메시지를 의미하는 한국 언론계의 은어였다. 그걸 깨닫자마자 나는 즉시 언론인답게 야마라는 말을 두뇌에 장착하고 입으로 내뱉기 시작했다. 기획회의에서도 자랑스럽게 쓰곤 했다.

"이번 기사 야마는 말이죠……"

몇 년 뒤 나는 신입 기자의 기사를 검토해 다듬으며 윽박질렀다.

"야, 이 기사는 대체 야마가 뭐야? 글이 자꾸 왔다갔다 해서 야마가 뭔지 모르겠는데?"

훗. 사실 저 대사는 내가 편집장에게 가장 자주 들었던 이야기였다. 아마 이쯤 되면 독자분들 중 몇 명은 '그래서 야마 있는 물건이 뭔데?'라고 생각할 수 있다.

제 글이 원래 이리저리 새다가 제자리로 돌아오는 경향이 있습니다. 그러니 다음 문단부터는 본격적으로 인테리어 이야기로 돌아가겠습니다.

*

그래서 나는 블랭킷을 샀다. 확실히, 확연히, 확고히 야마가 있는 물건이었기 때문이다. 야마가 있는 물건을 영어로 표현한다면? 그렇다. 독자 여러분이 영어권 인테리어 잡지나 영상에서 자주 마주치는 단어 '스테이트먼트 피스statement piece'다. 스테이트먼트는 주장이나 성명서를 의미한다. 다시 말해 주장이 강한 아이템이라는 의미다. 주장이 강하다는 건 평범하지 않다는 뜻이다. 이 단어는 패션과 인테리어의 세계에서 주로 사용한다. 색채나 디자인이 조용하게, 다른 아이템들과 조화롭게 어우러지는 아이템이 아니라 스스로 '나 여기 있다!'고 외치는 아이템이 스테이트먼트 피스다. 다시 말해 야마가 있는 물건이다. 야마가 확실히 있는 물건이다.

야마가 있는 아이템은 집에 한두 개 정도 있으면 좋다. 적어도 인테리어 전문가들은 그렇게들 말한다. 야마가 있는 조명 하나, 야마가 있는 쿠션 두어 개, 야마가 있는 러그 하나, 야마가 있는 액자 한두 개 정도면 집은 이미 야마로 가득할 것이다. 야마가 많으면 집이 소란스러워진다. 자, 이게 바로 내 문제다. 나는 야마가 있는 아이템을 지나치게 좋아하는 사람이다. 사실상 내 집에 있는 거의 모든 조명은 야마가 있는 스테이트먼트 피스다. 얼마 전 국립현대미술관에 갔다가 테이블 조명 하나를 보고 완전히 사로잡혀버렸다. 스티치치라는 한국 브랜드에서 만든 조명이었다. 오렌지색, 하늘색, 초록색과 노란색이 어우러진 양철 램프는 온몸으로 스테이트먼트 피스라고 부르짖고 있었다. 사실 이런 조명은 집에 하나 정도만 있어야 한다. 나는 이미 지나치게 많은 오렌지색, 녹색의 조명을 갖고 있다. 이걸 구입하면 집이 온갖 색채로 아주 난리가 날 것이다. 그래서 나는 샀다. 대체 어떤 난리가 벌어질지 궁금했기 때문이다. 결국 난리가 일어났다. 나는 스티치치 조명이 발산하는 색채의 난리통 속에서 이 글을 쓰고 있다.

발밑도 난리다. 나는 거의 수집하듯이 작은 러그들을 사는 버릇이 있다. 검은 표범 모양의 러그, 호랑이 모양의 러그, 비디오 렌털숍 로고를 패러디한 오렌지색 원형 러그까지. 여기에 몇 달 전 하나가 더해졌다. 홍콩 편집숍 하입비스트에서 구입한 〈우주소년 아톰〉 패러디 러그다. 나에게 이 모든 러그가 필요했을 리는 없다. 지금 거실에 깔려 있는 파란색 러그 외에 스테이트먼트 러그 하나 정도가 더 필요했을 따름이다. 하지만 멈출 수가 없었다. 각각 자신만의 야마를 부르짖는 러그들이 야마에 중독된 나를 끊임없이 끌어당겼다. 그래서 내 거실은 흑표범과 호랑이가 납작하게 포효하는 정글이 됐다. 침실은 아톰이 눈을 부릅뜨고 비디오 렌털숍 로고가 웃고 있는 만화경이 됐다.

나는 내 집을 취재하는 매체 인터뷰마다 "저는 맥시멀리스트여서요"라고 말해왔다. 그건 그냥 나의 인테리어 야마 중독을 표현할 다른 방법이 없어서 했던 소리일 뿐이다. 맥시멀리스트도 멈추어야 하는 순간이 있게 마련이다. 스테이트먼트 피스만 계속 산다고 맥시멀리스트가 되는 것은 아니다. 맥시멀리즘에도 조화는 필요하다. 나는 오로지 스테이트먼트 피스만을 산다. 이건 취향의 문제다. 나는 그냥 야마가 있어야만 하는 취향인 것이다. 혹시 이 취향이 매 순간 글을 쓰면서 야마를 따지는 나의 직업으로부터 기인한 것은 아닌지 잠시 생각해봤다. 아무래도 그건 아닌 것 같다. 그렇다면 세상 모든 기자의 집은 야마를 부르짖는 아이템으로만 가득할 테니 말이다.

*

어쨌거나 지금 나의 고민은 피츠버그스틸러스 블랭킷

을 도대체 어디에 거느냐는 것이다. 이건 소파에 드러누워서 영화를 볼 때 덮으려고 산 블랭킷이 아니다. 그림처럼 어딘가에 걸어두고 감상하고 싶어서 산 블랭킷이다. 블랭킷이라는 물건을 그렇게도 활용할 수 있다는 걸 나는 인테리어 잡지에서 배웠다. 그림 액자가 아닌, 보다 입체적인 질감이 있는 아이템을 벽에 거는 건 꽤 재미있는 일이다. 문제가 하나 있다. 거실 벽은 이미 액자와 거울과 벽걸이 조명으로 가득한 터라 가로세로 1.5미터에 가까운 블랭킷을 걸 수 있는 공간이 없다. 나는 정말이지 무책임한 야마꾼이었던 것이다. 야마가 있는 물건이라는 판매자의 멋진 말에 혹해, 걸어둘 장소도 없는 주제에 미국의 피츠버그에 사는 미식축구광이 기숙사 벽에나 걸 법한 블랭킷을 대뜸 구입하고 말았다. 그렇다. 이 글은 무책임한 소비를 반성하기 위해서 쓰는 글이다. 이 글의 야마는 아마도 '반성'이다.

하지만 이 글에 첨부할 사진을 찍기 위해 블랭킷을 침실 바닥에 펴는 순간 나의 반성은 순식간에 휘발하고 말았다. 어떻게 봐도 판매자의 말마따나 야마가 있는 블랭킷이다. 어디에 걸지는 모르겠지만 이런 물건을 다른 누군가에게 빼앗긴다는 건 도무지 상상조차 할 수 없는 일이다. 불꽃처럼 이글거리는 축구공을 손에 쥔 강철의 사나이가 나를 노려보고 있는데, 이 강렬한 눈빛을 어떻게 거부할 수 있다는 말인가. 이 블랭킷이 다른 사람에게 팔렸다면 나는 야마가 돌아서 며칠간은 도저히 일도 할 수 없었을 것이다.

여러분, 야마를 피하지 마세요. 야마가 있는 물건에 용감하게 도전하세요. 때로 그 물건들은 야마를 돌게 만들겠지만 야마가 없는 것보다는 더 재미있습니다. 결국 이것이 이 글의 야마다.

화초
화초 연쇄살인마의 어떤 연애

 나는 잘 알려진 화초 연쇄살인마다. 시작은 거대한 알로카시아였다. 오피스텔을 떠돌다 처음으로 볕이 잘 드는 아파트에 살기 시작했을 때 나는 드디어 집에 화초를 들일 수 있다는 기쁨에 휩싸였다. 예민하기 짝이 없는 고양이와도 잘살아왔으니, 울지도 움직이지도 똥을 싸지도 않는 화초와의 동거생활은 무던할 터였다. 하지만 오피스텔에서 화초가 생존하기란 쉽지 않은 일이었다. 친구들에게 선물받은 작은 다육식물조차도 한 달을 넘기지 못하고 죽었다. 보통 다육식물은 아무데서나 잘 자란다는데 말이다. 생각해보니 오피스텔은 공기 순환이 잘되지 않는다. 나는 다육식물 시체를 쓰레기봉투에 넣으며 다짐했다. 볕이 잘 들고 바람이 잘 통하는 집으로 이사하기 전까지는 절대 집에 식물을 들여놓지 않겠다고 말이다.

어느덧 그런 날이 왔다. 앞뒤 창을 열면 한강에서 마포대로로 빠져나가는 바람 때문에 유령이 파티라도 여는 듯 집안의 종잇장이 마구 날아다니는 아파트였다. 남향이었다. 나는 전세 계약을 하자마자 화초를 좋아하는 친구에게 전화를 걸었다.
"큰 화분을 하나 들이려는데 뭐가 좋을까?"
친구는 말했다.
"역시 알로카시아지. 그걸 죽이기는 쉽지 않거든."
나는 곧바로 인터넷을 검색했다. 거대한 화초도 배달이 가능한 가게들이 막 생기던 시절이었다. 인터넷 화초 상점에는 거의 내 키에 가까운 알로카시아들이 아름다운 '곡선'을 뽐내고 있었다.

내가 화초를 키우고 싶었던 가장 큰 이유 중 하나는 곡선이었다. 나는 매우 직선적인 사람이다. 이를테면 나는 유선형의 자동차 디자인을 좋아하지 않는다. 그래서 직선적인 폭스바겐 골프 3세대 모델을 살까 여전히 고민중이다. 나와 비슷한 취향을 가진 친구 하나는 몇 년 전 1986년 현대에서 나온 그랜저 1세대 일명 '각 그랜저'를 샀다. 기름도 많이 먹고 수리비도 많이 드는 옛날 자동차를 오로지 디자인 때문에 산다는 건 정말이지 바보 같은 짓이다. 하지만 인간은 언제나 바보 같은 짓을 한다. 솔직히 말하자면 나는 1970년대 이후로 자동차 디자인은 전혀 발전하지 않았다고 생각한다. 현대가 1970년대 생산된 포니를 그 시절 디자인 그대로 다시 생산한다면 나는 두말없이 카드를 내밀 것이다.

*

당연히 내 집도 직선으로 넘친다. 둥근 갓을 쓴 조명을 제외한다면 모든 것이 깔끔한 직선이다. 나는 그게 조금 지겨웠다. 인테리어라는 것이 그렇다. 내가 좋아하는 것만으로 집을 채웠는데도 항상 부족함이 보이게 마련이다. 우리는 집을 꾸밀 때 종종 큰 그림을 잊어버린다. 각각의 물건을 선정하고 구매하면서도 그 물건들이 어떤 조화를 이룰지에 대해서는 좀처럼 생각하지 못한다. 내 집도 마찬가지였다. 분명히 내가 원하는 물건들로 채웠는데도 뭔가가 빠져 있었다. 곡선이었다. 모든 것이 지나치게 날카롭고 딱딱

했다. 자연스러운 곡선을 더할 수 있는 가장 좋은 방법은 역시 화초였다.

집에 도착한 알로카시아는 실로 아름다웠다. 이 친구의 이름을 정확하게 말하자면 알로카시아 오도라. 하트 모양으로 생긴 커다란 잎이 부드러운 곡선의 줄기로부터 뻗어나오는 알로카시아는 영화 〈쥬라기 공원〉에 등장할 법한 고대의 아름다움을 품고 있었다. 나는 알로카시아에 물을 주며 기쁨에 휩싸였다. 오랫동안 비어 있던 마지막 크로스워드 퍼즐을 채운 듯한 기쁨이었다. 나는 알로카시아 사진을 찍어 블로그에 올리며 자랑을 했다(소셜미디어가 없던 시절이었다). 마침 화초 인테리어가 트렌드로 떠오르던 시기였다. 나는 마침내 커다란 식물을 키우는 인테리어 힙스터의 일원으로서 훌륭한 첫걸음을 내디딘 것이다.

몇 달 뒤, 나는 눈물을 흘리며 화분 해체 작업에 들어갔다. 알로카시아는 죽었다. 완전히 죽어버렸다. 범인은 나였다. 겨울이 오자 알로카시아가 시들시들해졌다. 나는 물이 부족하기 때문이라고 생각했다. 열흘에 한 번, 적당히 물을 줘야 한다는 친구의 조언을 잘못 이해한 탓도 있었다. '적당히'라는 단어라는 게 원래 그렇다. 해석하는 사람에 따라 완전히 뜻이 달라진다. 당신의 적당한 운동량과 PT 선생님의 적당한 운동량은 같은 의미가 아니다. PT 선생님에게 적당한 운동량이란, 당신 입장에서는 한 시간 뒤 샤워실에 후들거리며 주저앉아 "내가 왜 이런 고문을 돈을 주고 당하는 것인가" 하며 꺼이꺼이 우는 정도의 운동량이다. 맞다. 이건 처음으로 하체 운동을 한 날 내가 겪었던 일이다. 당신도 아마 비슷한 일을 경험한 적이 있을 터이다.

친구의 적당히와 나의 적당히도 달랐다. 관엽식물은 과습에 취약하다. 나는 그걸 몰랐다. 알로카시아가 비실비실해지는 듯한 느낌이 오면 아낌없이 물을 먹였다. 그래도 비실비실하면 물을 더 먹였다. 건조한 겨울이니 그만큼 많은 물이 필요하리라는 오해 때문이었다. 겉으로 보기엔 어느 정도 멀쩡하던 알로카시아는 속으로 곪고 있었다. 어느 날, 알로카시아의 굵은 줄기 부분을 손으로 찔렀더니 40대 후반의 피부처럼 푹 꺼져버렸다. 그러곤 줄기에서 시커먼 액이 흘러나왔다. 친구에게 전화를 했더니 그는 조의를 표했다.

"이미 죽었네. 속이 다 썩은 거지. 물을 대체 얼마나 준

거야?"

*

　나의 지나친 사랑이 알로카시아를 죽였다. 나의 지나친 관심이 알로카시아를 죽였다. 고백하자면 나는 연애를 할 때도 사랑을 좀처럼 조절하지 못했다. 상대방이 좋든 싫든 마구 퍼주는 것이야말로 진정한 사랑이라고 생각했다. 그 때문에 떠났던 지난 연인들을 떠올렸다. 내 사랑에 질식해서 죽기 전에 떠난 그들은 정말이지 현명했다. 그들의 속도 알로카시아처럼 시커멓게 곪아가고 있었을 것이다.

　사람은 같은 실수를 한다. 같은 실수를 영원히 반복하며 살아간다. 내 연애도 마찬가지였다. 그 이후에도 내 비뚤어진 사랑은 몇몇 사람들을 질식하게 만든 다음 저멀리 떠나가게 만들었다. 나는 알로카시아의 죽음으로부터 배운 바가 별로 없었던 것이다. 다만 나는 화초에 있어서는 같은 실수를 반복하지 않겠다고 결심했다. 절대로 어떤 일이 있어도 내 집에는 화초를 들이지 않겠다고 다짐했다. 어차피 모든 화초는 내 손에 죽을 운명이었다. 화초 연쇄살인마의 역사는 끝내야만 했다.

　결국 끝내지 못했다. 지금 거실 창가에는 거대한 떡갈고무나무가 있다. 해외 인테리어 잡지들이 원흉이었다. 몇 년 전부터 온갖 힙한 인테리어 잡지나 인스타그램 계정에는 떡갈고무나무 사진들이 올라오기 시작했다. 내가 오래전부터 바라왔던 가장 이상적인 화초의 형태 그 자체였다. 즉각 검색에 들어갔다. 키우기 쉽다고 했다. 생명력이 끈질기다고 했다. 알로카시아도 키우기 쉽고 생명력이 끈질기기로 유명했다. 나는 그걸 죽였다. 너무 많이 사랑해서 죽였다. 나는 같이 사는 고양이도 8킬로그램짜리 대형 포유류가 되도록 만든 사람이다. 손주들 입에 밥 들어가는 소리가 제일 좋다던 외할머니의 성격을 그대로 물려받았다. 알로카시아의 죽음으로 미루어보건대 나는 결국 넘치는 사랑으로 떡갈고무나무를 죽일 운명이었다. 그런데도 나는 양재 꽃시장으로 가서 가장 마음에 드는 떡갈고무나무를 샀다. 그저 집 인테리어에 가장 어울릴 것 같은 식물을 들이겠다는 욕망 하나로, 나는 또다른 범죄를 저지를 운명을 받아들인 셈이다.

나의 떡갈고무나무는 집에 온 지 7년이 지난 지금도 굳건하게 살아 있다. 잎이 좀 떨어지긴 했으나 생존에는 큰 문제가 없다. 나는 어쩌면 과거의 실패로부터 뭔가를 배웠는지도 모른다. 나는 화분의 흙이 모하비사막처럼 말라붙어 건조한 비명을 내지르기 전까지는 물을 주지 말라던 조언을 마침내 받아들이고 실행했다. 사랑이라는 건 무작정 퍼주기만 해서는 곤란한 감정이라는 사실을 40대가 지나가는 나이에 드디어 깨달은 것이다. 나는 요즘 다시 연애를 시작해볼까 생각중이다. 창가의 떡갈고무나무가 살아 있는 한, 여전히 서툴고 미숙한 나의 연애에도 희망은 있으리라.

고양이 용품
알록달록 무늬를 거절합니다

나는 고양이와 거의 20년을 함께 살았다. 고양이와의 동거는 축복이다. 내 인생의 중심은 내가 아니라 고양이다. 이런 말을 하면 사람들은 답한다.

"그래도 아이를 키우는 것과 고양이를 키우는 건 다르죠."

나는 결혼한 사람들이 아이에 대한 집착을 타인에게 강요하기 시작할 때 도대체 뭐라고 답해야 할지 잘 모르겠다. "아이 싫어합니다"라고 하면 너무 옹졸한 사람처럼 보일 것이다. "아이가 없어서 제가 매년 여기저기 여행도 다니면서 가끔 프라다 재킷도 사고 그러는 거죠, 뭐"라고 하면 너무 공격적으로 보일 것이다.

하지만 잘 생각해보면 아이를 키우는 일과 고양이를 키우는 일의 공통점이 하나 있긴 하다. 집의 중심이 내가 아니라 그들이 된다는 사실이다. 나는 집을 사기 전 2년마다 오르는 전셋값에 시달리며 새집을 구하는 데 지나치게 많은 시간을 낭비했다. 내가 원하는 집은 언제나 20평대의 아파트였다. 부동산 사무소에서 보여주는 매물들은 대개 어린 아기, 혹은 유치원에 들어가기 전의 나이인 아이들과 사는 젊은 부부의 집이었다. 나는 약속을 잡고 그들 집에 들어가는 순간 모골이 송연해지곤 했다. 그 공간에는 부부가 없었다. 아이밖에 없었다. 바닥은 알록달록한 유아용 쿠션매트로 뒤덮여 있었다. 온갖 장난감이 여기저기 널려 있었다. 벽은 아이를 위한 총천연색의 교육용 포스터 등으로 가득했다. 아이들이 볼펜이나 크레파스로 그린 낙서가 벽마다 있었다. 물론 부모인 여러분은 자신의 아이가 크레파스로 그린 낙서를 보며 미래의 피카소나 마티스를 꿈꿀지도 모르겠다. 꿈에서 깨시길 바란다. 그건 그냥 낙서일 뿐이다. 미래 대가의 초기작이 아니다.

나는 그게 이상했다. 집은 삶의 공간이다. 아이에게 안전한 장소로 만드는 것도 중요하다. 아이에게 필요한 용품들로 채우는 것도 중요하다. 동시에 집은 나의 공간이다. 자신의 모든 취향을 포기하고 멋대가리 없는 알록달록한 아이 용품으로 채운 공간에서 살아가는 건 좀 슬픈 일이다. 아, 물론 나는 그들의 슬픔을 이해한다. 현실을 100퍼센트 알 수는 없지만, 그래도 감히 이해한다고 말할 수 있다. 왜냐하면 나는 고양이를 키우기 때문이다. 여기서 당신은 또 한번 "아이를 키우는 것과 고양이를 키우는 건 다르죠"라고 항변하고 싶을지 모른다. 아니다, 둘은 꽤 비슷하다. 특히 인테리어에 있어서라면 말이다.

디자인적으로 완벽한 아이 용품을 찾기란 그리 쉬운 일이 아니다. 이케아가 한국에 들어오기 전까지는 더욱 그랬다. 나는 이케아가 많은 인테리어광 부모들의 취향을 지켰다고 확신한다. 이케아는 다양한 아이 용품을 아주 적절하게 세련된 디자인으로 많이 생산한다. 가격도 저렴하다. 나는 당신이 부럽다. 이케아의 반려동물 용품은 다른 용품들에 비해 많지 않다. 고양이 용품은 더욱 드물다. 그래서 고양이를 키우는 사람들은 어쩔 도리 없이 고양이 전문 쇼핑몰 몇 개를 돌아다니며, 마음에 드는 디자인의 용품을 찾으려 매일매일 투쟁한다. 내가 고양이를 키우기 시작한

14년 전에는 고양이 전문 쇼핑몰이라는 존재도 몇 없었다. 중국에서 생산된 싸구려 디자인의 용품들을 동네 동물병원에서 구입하는 게 최선이었던 시절도 있다.

*

사실 인간이 집에서 고양이를 키우기 시작한 지 얼마 되지 않았다. 물론 고양이와 인간은 고대 이집트에서부터 함께해왔다. 그 이후로 고양이는 쭉 자유로이 바깥출입을 하며 살았다. 문제는 배변이다. 고양이는 모래에만 배변을 한다. 길고양이는 도심의 화단을 화장실로 사용할 것이다. 문제는 바로 그런 습성 때문에 집안에서만 키우기는 불가능한 동물이라는 점이다. 다행히도 지난 1960년대 미국의 한 발명가가 고양이용 모래를 만들었다. 고양이가 배변을 하면 즉시 굳어서 그 부분만 버리면 되는 상품이었다. 고양이용 모래가 본격적으로 다양한 상품으로 출시된 때는 1980년대부터다. 한국에 그런 상품들이 들어온 시기는 1990년대부터다. 그러니 우리는 사실 고양이라는 동물과 집안에서 살기 시작한 지 얼마 안 된 초보 인류인 셈이다.

문제도 바로 그것이다. 반려견 용품이 반세기 동안 디자인 측면에서도 훌륭한 진화를 거듭해온 것과는 달리 반려묘 용품은 제자리에 있었다. 사람이 집에서 키운 지가 얼마 되지 않으니 시장 규모가 작았던 탓이다. 내가 고양이와 함께 살기 시작한 2007년, 한국에서는 도무지 디자인적으로 내 마음에 드는 용품을 발견할 수가 없었다. 기본적으로 고양이에게 필요한 용품은 화장실, 쿠션, 스크래처다. 앞서 이야기한 것처럼 고양이의 원활한 배변활동을 위해서 모래가 있는 화장실이 꼭 필요했다. 내 욕실에 모래를 깔 수는 없으니. 대부분의 시간을 자거나 휴식을 취하는 고양이에게 편안한 쿠션 또한 필수적이다. 아늑하고 따뜻한 쿠션은 고양이의 안정뿐만 아니라 건강까지도 책임진다. 나이가 들거나 관절에 문제가 있는 고양이일수록 더욱 쿠션이 중요하다. 스크래칭(손톱 갈기)은 고양이만의 고유한 습성인데, 이를 통해 자신의 감정이나 본능을 표현한다. 만약 스크래처가 없다면, 당신의 귀한 가구들이 난리가 날 가능성이 매우 높다. 고양이뿐만 아니라 나를 위해서도 스크래처는 꼭 필요한 용품이었다. 고양이는 개와 마찬가지로 노는 걸 좋아하는 동물이라 자잘한 장난감도 필요하다. 조금 돈을 들이고 싶은 사람이라면 높은 곳에 올라가기 좋아하는 고양이의 습성을 만족시켜줄 캣타워를 항상 눈독들이고 있을 터이다. 나에게는 그 모든 물건이 필요했다. 내 고양이에게는 최고의 것만을 해주고 싶었다. 만약 고양이를 위한 영어 유치원이 있다면 나는 그곳에 보내기 위해 대치동으로의 이사를 심각하게 고려했을 것이다.

자, 여기서 다시 아이를 가진 부모님들에게 말한다. 아이를 키우는 일과 고양이를 키우는 일은 결국 별반 다르지 않다. 나의 보살핌을 받아야 하는 존재와 함께 산다는 건 엄청난 정신적 희생(어휴)과 경제적 희생(어휴)이 필요하다. 고양이 용품이 얼마나 비싼지 깨닫는다면, 당신은 '차라리 아이를 키우는 편이 낫겠어'라고 생각하게 될지도 모른다. 고양이는 가슴으로 낳아 지갑으로 키우는 것이다.

지난 14년은 나에게는 도전이었다. 고양이를 위한 용품을 사는 것은 도전이 아니다. 알록달록한 꽃무늬가 프린트된, 혹은 저작권도 상관없이 마구잡이로 도용한 버버리 패턴이 프린트된 촌스러운 고양이 용품은 언제나 존재했다. 고양이를 위하고, 동시에 나를 위한 용품을 사는 일, 그것이야말로 진정한 도전이었다. 쿠션 하나도 마음에 들지 않으면 소파 위에 올려놓지 못하는 남자가 고양이 용품이라고 아무거나 살 수는 없는 법이다. 다행히 2010년대부터 고양이 용품을 전문적으로 만드는 회사들이 생겨났다. 해외에서 디자인으로 호평받은 고양이 용품들이 본격적으로 수입되기 시작한 때도 그즈음이다. 고무 대야 같던 고양이 화장실은 점점 세련되어져갔다. 특히 모드캣이라는 회사가 '고양이 화장실계의 아이팟'이라고 불리던 화장실을 출시했을 때는 일종의 디자인 혁명이었다. 2만~3만 원이면 살 수 있던 여느 고양이 화장실과는 달리 무려 19만 원이었지만, 나는 그걸 사야만 했다. 거실에 두어도 부끄럽지 않은 고양이 화장실이라는 건 정말이지 귀한 존재였으니까 말이다. 물론 고양이 덩치가 지나치게 커진 지금은 사용하지 못하고 있다. 나는 이걸 곧 깨끗하게 세척해서 당근마켓에 내놓을 예정이다. 마포구에 사는 독자라면 조금만 기다려주시길 바란다.

거실 창가에는 캣타워가 놓여 있다. 선물로 받은 이 캣타워는 스튜디오얼라이브라는 브랜드에서 출시한 제품이다. 스튜디오얼라이브는 '반려동물의 생애주기를 연구해서 직접 제품을 만든다'는 기치를 내세운 회사다(전혀 협찬을 받지 않은 글이니 지나친 칭찬을 늘어놓아도 오해하지 마시라!). 애시 원목과 철제로 되어 있는 이 캣타워는 그냥 두고 보기만 해도 멋진 인테리어 용품이다. 요즘은 가구 회사인 일룸에서도 캣타워를 만든다. 보통의 가구 회사들이 뛰어들 정도로 고양이 용품 시장은 넓어졌다. 나는 언제나 고양이에게 캣타워를 사주고 싶었지만 푹신푹신한 패브릭을 입힌 싸구려 중국산 캣타워는 도저히 참을 수가 없었다. 드디어 나에게도 눈에 거슬리지 않는 캣타워가 생겼다. 14년 전을 떠올려보면 정말이지 기적적인 일이다. 만약 당신이 보기 싫은 고양이 용품 때문에 고양이 입양을 망설였다면, 지금이다. 지금이 바로 적기다.

마지막으로 한마디 덧붙이자면, 고양이는 사는 것이 아니다. 입양하는 것이다. 아름다운 많은 고양이들이 당신의 집 근처 보호소에서 함께 살아갈 사람을 기다리고 있다. 그러니 사지 말고 입양하세요. 결국 이 글은 캠페인으로 끝나게 됐다.

전선과 멀티탭
가릴 수 없다면 전시하라

숨길 수 없는 것들이 있다. 옷을 입을 때도 그렇다. 나는 패션 잡지의 조언을 잘 듣지 않는 편이다. 혹시 나의 지난 경력을 아는 분이라면 이 문장을 읽는 순간 살짝 짜증이 났을지도 모른다. 맞다. 나는 패션 잡지에서 일한 적이 있다. 영화 잡지에서 일하다 건너간 패션 잡지는 완전히 다른 세계였다. 영화 잡지는 '영화를 보는 방법' 같은 것을 가르치려들지는 않는다. 완곡하게 에둘러 어떤 영화를 보는 것이 좋은지를 권할 뿐이다. 혹은 아주 고고한 방식으로 피해야 할 영화를 이야기할 뿐이다. 패션 잡지는 달랐다. 하라는 것과 하지 말라는 것이 많았다. 키가 작다면 롱코트를 입어서는 안 된다고 했다. 과체중을 넘어설 경우에는 스키니진은 절대 입지 말라고 했다. 내가 패션 잡지에서 일하던 시절에는 여전히 스키니진이 유행이었다. 나는 정말 옛날 사람임에 틀림없다. 지금의 나는 스키니진이야말로 2000년대와 2010년대 최악의 아이템이라고 생각한다. 젠지세대 여러분이 스키니진을 '엄마 청바지'라 부르며 넉넉한 사이즈의 바지를 입는 이유는, 그 끔찍했던 시대에 대한 일종의 세대적 반성일지도 모른다.

패션 잡지에서 일하다보니 뭔가 지켜야 할 룰 같은 것이 가득했다. 체형을 가릴 수 있는 아이템을 소개하는 일도 잦았다. 그런 아이템에 대한 글을 쓰면서도 생각했다. 체형을 가릴 수 있는 아이템? 그런 건 존재하지 않을 텐데? 날씬해 보이려면 가로 스트라이프 셔츠를 선택하지 말라고? 그깟 스트라이프 패턴으로 가릴 수 있는 체형은 없다. 가로 스트라이프를 입든 세로 스트라이프를 입든, 날씬한 사람은 날씬해 보이고 통통한 사람은 통통해 보인다. 이건 딴소린데 그 시절 패셔니스타들에게는 가로 스트라이프 셔츠가 일종의 '잇템'이었다. 가죽 라이더 재킷 안에 스트라이프 셔츠를 입고 다니는 사람을 당신은 하루에도 여러 명은 마주쳤을 것이다. 나도 가로 스트라이프 셔츠가 있었다. 많았다. 그걸 더는 입지 않기로 결심한 날을 나는 아직도 기억한다.

친구 부탁으로 홍대 앞 유명한 바게트 전문점에서 바게트 두 개를 산 후 에코백에 넣고 길을 걷다가 쇼윈도에 비친 내 모습을 본 순간이었다. 누가 봐도 그건 파리지앵 코스프레였다. 그 내적 민망함을 한번 상상해보시라.

물론 인테리어에도 해도 되는 것과 해서는 안 되는 것들이 있다. 다만 여기에는 큰 한계가 있다. 옷으로 체형의 단점을 가리라고 말하기란 그리 어려운 일이 아니다. 성공하든 실패하든 그래 봐야 옷 한 벌이다. 가로 스트라이프 셔츠가 당신의 체중을 가릴 수 없다는 사실을 깨닫더라도 큰 낭비는 아니다. 생로랑 스트라이프 셔츠라면 조금 부담스러운 낭비일 수 있지만 당근마켓으로 쉬이 팔 수 있는 시대가 됐으니 큰 문제는 없다. 하지만 인테리어 아이템은 다르다. 당신이 작년에 큰맘먹고 산 바실리체어*가 인스타그램 피드에 도배되고, 수많은 카페에 놓여 있다면? 게다가 이 도배된 사진과 놓인 제품이 카피제품이라면? 맞다. 그

---

* 1925년부터 1926년 사이에 바우하우스 가구제작 분야의 수장이었던 디자이너 마르셀 브로이어가 만든 의자로, 자전거 프레임에서 영감을 받아 튜브 형태의 금속과 가죽을 조합해 제작했다. 이 의자는 단순한 미적 가치뿐만 아니라 기능성과 내구성을 겸비한 디자인으로 평가받으며 현대 가구 디자인의 새로운 패러다임을 제시했다.

건 좀 맥빠지는 일이다. 그렇다고 인스타그램에 '#진품' 같은 태그를 달기는 더 민망하다. 그렇다고 쉬이 처분할 수도 없다. 큰맘먹고 산 페르시안 카펫이나 모로칸 러그가 이젠 좀 유행에 뒤처진 것처럼 느껴진다면? 돌돌 말아서 창고 안에 보관하고 좀더 미니멀한 카펫을 살 수도 있다만, 그거야 집에 큰 창고를 구비하고 있는 사람들에게나 가능한 일이다. 나도 카펫과 러그를 당근마켓으로 팔려고 시도해본 적이 있지만 성공률은 낮았다. 너무 큰 물건은 사는 것보다 파는 것이 더 힘들다.

*

내가 지난 몇 년간 가장 많은 실패를 거듭한 일은 전선을 숨기는 것이었다. 많은 인테리어 잡지와 사이트들은 전선을 숨기는 방법을 이야기한다. 집에 굴러다니는 인테리어 잡지들을 다시 한번 찾아 읽어보시라. 당신 집에는 넘치는데 잡지 속 집에는 거의 보이지 않는 것이 하나 있을 텐데, 바로 전선이다. 물론 인테리어 잡지에 실린 집 사진은 집주인이 평소 해놓고 사는 모습과는 거리가 있다. 가리는 것도 한계는 있다. 전선은 집이라는 공간의 동맥이다. 현대의 집은 전선 없이 살 수 없다. 내가 아는 한 기업 CEO는 집을 새로 지으면서 좀더 미니멀하고 예쁜 일본 가전제품만 사용하기 위해 집의 콘센트를 220볼트에서 100볼트로 바꾸었다는데, 그건 돈이 지나치게 많은 사람이 부릴 수 있는 호사일 따름이다.

한동안은 전선 가리는 방법을 인터넷과 잡지에서 찾아 실행에 옮겼다. 가구로 감추는 방법이 있고, 쿠팡에서 전선 줄 묶는 케이블타이를 사서 메두사 머리처럼 제멋대로 구는 전선을 정리하는 방법도 있다. 꼴 보기 싫은 하얀 멀티탭을 이케아에서 구입한 멀티탭 정리함에 넣어 숨기는 방법도 있다. 다 해봤다. 모조리 실패했다. 수많은 전선이 모이는 멀티탭이라는 건 가릴 수가 없는 존재다. 그걸 가리는 것 자체가 지나치게 귀찮은 일인 탓이다. 청소기를 돌리기 위해 멀티탭 정리함에서 멀티탭을 꺼내는 게 별거 아닌 듯하지만, 실은 얼마나 귀찮은 일인지를 당신은 이미 잘 알고 있을 터이다. 원래 인간이란 직관성을 추구하며 살게 되어 있다. 직관적으로 해야 하는 일 사이에 자리잡은 귀찮은 단계를 없애는 방식으로 우리는 진화해왔다. 세상에는 아름다운 집을 유지하기 위해 귀찮은 단계 하나쯤은 더해도 괜찮은 사람도 있을지 모른다. 나는 아니다. 예쁘게 살기 위해 귀찮음을 감내할 수는 없다. 나는 게으른 사람이다. 게으른 사람에게 가장 어울리는 인테리어 조류는 확실히 맥시멀리즘이다. 없앨 수 없다면 그냥 인정하라. 가릴 수 없다면 그냥 전시하라. 숨길 수 없다면 그냥 드러내라. 여기에 나는 한 가지 조류를 더하기로 했다. 바로 '전선 맥시멀리즘'이다. 그런 게 존재하냐고? 모르겠다. 아마도 아닐 것이다. '전선 맥시멀리즘'은 순전히 내가 고안해낸 용어다. 순전히 나 자신을 위해 고안한 용어다.

가릴 수 없는 전선과 멀티탭을 드러내기 위해 필요한 용품은 예쁜 멀티탭이다. 다행히 지난 몇 년간 많은 인테리어숍에서 예전에는 존재하지도 않던 예쁜 멀티탭을 팔기 시작했다. 이건 나처럼 전선과 멀티탭을 감추려다가 실패한 자들이 세상에 지나치게 많다는 증거다. 이를 알아챈 사람들이 그걸로 돈을 벌 수도 있다는 사실을 깨닫고 머리를 굴린 뒤 짜잔! 하고 시장에 내놓은 것이다. 자본주의는 정말로 위대하다. 당장 네이버쇼핑만 뒤져도 형형색색의 멀티탭을 구입할 수 있는 시대가 열

전선과 멀티탭

렸다. 나는 사각형 초록색 멀티탭을 잔뜩 사서 아무런 특징도 없는 사무실용 하얀 멀티탭과 교체했다. 그게 전선을 완전히 가려주지는 못한다. 대신 이건 일종의 위장법이다. 스트라이프 셔츠보다 더 효과가 좋은 인테리어 카무플라주*다.

내가 제일 아끼는 멀티탭은 베를린에서 구입한 목제 멀티탭이다. 베를린에서 가장 힙한 패션 디자인 크루인 블레스Bless의 숍에 갔다가 발견한 이 멀티탭은 가격도 생각보다 비쌌고, 한국까지 운반하기에는 덩치와 무게가 지나치게 크고 무거웠다. 하지만 예쁘다면 가격과 무게는 상관없다. 당신은 어떻게든 그 물건을 한국으로 가져와야만 직성이 풀릴 것이다. 나는 그놈의 목제 멀티탭을 서울까지 가져오느라 여러 번의 공항 검색대에서 "이건 폭탄이 아니라 멀티탭이라고요"라는 말로 직원들을 납득시켜야만 했다. 그놈의 멀티탭은 검색대 엑스레이를 통과하는 순간 누가 봐도 폭탄처럼 보였다. 그놈의 폭탄은 지금 내 거실에서 아름다운 조명과 가습기와 공기청정기를 열심히 돌리는 사명을 다하고 있다. 아름답게.

* 불리하거나 부끄러운 것이 드러나지 않도록 꾸미는 일.

그림
내 인생의 가장 근사한 쇼핑

그림을 사고 싶었다. 나는 벽에 뭔가를 걸어야 직성이 풀리는 인간이다. 기억하는 한 언제나 벽에는 영화 포스터가 걸려 있었다. 이젠 아니다. 더는 영화 포스터를 걸지 않는다. 영화평론가 집에 영화 포스터가 걸려 있는 건 클리셰다. 의외성이 없다. 영화 포스터 대신 내가 선택한 건 디자인 포스터였다. 그것도 클리셰가 됐다. 요즘은 어딜 가도 바우하우스* 포스터가 걸려 있다. 좀 더 솔직해져야겠다. 사실 내가 원했던 건 그림이었다. 늘 그림이었다. 언제나 문제는 지갑이 취향을 따라가지 못할 때 발생한다. 그림은 비

* 1919년 설립된 독일의 시각·조형학교로 예술과 공예, 사진, 건축 등과 관련된 종합적인 내용을 교육했다. 나치의 탄압으로 개교한 지 불과 14년 만에 폐교됐지만, 기능성과 실용성을 추구했던 바우하우스의 혁신적인 디자인은 전 세계 모더니즘의 근본이 되었고, 현대식 건축과 디자인에 큰 영향을 주었다.

싸다. 30대의 나에게 그림은 상당한 사치였다. 그림이 얼마나 사치면 가장 유명한 컬렉터 이름이 찰스 사치*겠는가. 이런 아재 농담은 정말이지 그만해야 한다.

*

그림을 샀다. 큰 그림을 샀다. 2016년 여름이었다. 홍대의 작은 갤러리에서 열린 전나환 작가의 전시 오프닝 행사에는 사람이 많았다. 작가의 세번째 전시였다. 나와 친분이 있던 전나환 작가는 커밍아웃한 게이 아티스트로 조금씩 이름이 알려지던 시기였다. '이름이 알려지는 시기'는 참 미묘한 말이다. 그건 다른 말로 하자면 '조금씩 알려지기 시작했지만 아직 부유한 컬렉터들에게까지 인기가 있는 건 아니어서, 물감과 캔버스를 마음껏 사고 홀로 커다란 작업실을 사용할 만큼 작품이 팔리지는 않는 시기'라는 의미이기도 하다. 그건 다시 말하자면 '컬렉터가 되고 싶지만 아직 그만한 벌이는 없는 초보 컬렉터 지망생들에게는 절호의 기회'라는 뜻일 수도 있다.

* Charles Saatchi. 광고 재벌이자 새로운 현대미술을 보여주는 미술관 사치갤러리의 소유자로 현대미술을 광적으로 수집하는 것으로 유명하다.

오프닝 파티에는 서울의 모든 힙스터들이 다 모여 있었다. 힙스터들이란 새로운 것을 찾아내는 속도가 빠른 사람들이다. 그들이 모여 있는 곳은 그 시점 서울에서 가장 힙한 일이 벌어지고 있는 장소다. 나는 어차피 그림을 하나 살 생각이었다. 20평 남짓한 아파트에 살고 있던 시절이라 큰 그림을 살 생각은 아니었다. 전동 드릴로 벽에 구멍을 뚫을 생각까지도 없었다. 가벼운 캔버스에 그려진 작은 그림이라면 벽지와 벽면 사이에 꽂아서 사용하는 꼭꼬핀으로도 충분히 벽에 고정시킬 수 있다. 한국의 집은 층고가 높지 않기 때문에 1미터가 넘는 큰 그림을 구매할 용기를 내기는 쉽지 않다.

전시회를 돌아보다가 한 그림 앞에서 발이 멈췄다. 제법 사이즈가 큰 그림이었다. 작가의 다른 작품들은 선이 명확했다. 그 그림은 유독 선이 불명확했다. 전시의 제목은 'BIGGER THAN THE MOUNTAINS'였다. 제목에 어울리는 거대한 외눈박이 남자들이 가득했다. 분명 작가가 더 애호하는 그림들이 있었다. 사람들이 더 갈구하는 그림들이 있었다. 그럼에도 나는 가장 빨리 그려낸 듯 선이 모호한 그 그림이 좋았다. 20평 아파트 벽에 걸기에는 조금 큰 사이즈였지만 도무지 발걸음이 떨어지지 않았다. 작가가 반가운 얼굴로 다가왔다. 그 그림은 작업의 가장 마지막 순간에 완성한 작품들 중 하나라고 했다. 다른 그림들과는 확실히 조금 달랐다. 작가가 말했다.

"옆에 있는 그림도 같은 시기에 그린 거예요."

함께 있던 큐레이터가 말했다.

"옆에 있는 그림은 이미 사시겠다는 분이 계세요."

그 말은 신호였다. 일종의 달리기 신호였다. 큐레이터가 그렇게 말하는 순간은 올림픽 육상경기중 총성이 울리는 순간이나 마찬가지다. 나는 가격을 물었다. 180만 원이었다. 미묘한 가격이다. 그림을 한 번도 구입한 적 없는 사람에게는 비싸게 들리는 가격이지만, 컬렉팅을 시작하려는 사람에게는 지나친 고민 없이 오케이를 외칠 수 있을 정도의 가격이다. 나는 말했다.

"이 그림을 사야겠어요. 이걸 살게요."

그림 위에 판매됐다는 딱지가 붙자 에코백을 든 젊은 힙스터들의 부러워하는 눈빛이 꽂혔다. 아니, 사실 그들은 그냥 쳐다봤을 뿐이다. 마음에 드는 작가의 가장 비싼 작품

중 하나를 구입했다는 나의 의기양양함이 그렇게 느꼈을 따름이다. 그래도 기뻤다. 마침내 나는 초보 컬렉터로서의 데뷔전을 훌륭하게 치러냈다.

몇 년 뒤, 나는 새로운 그림을 샀다. 한국에서 활동중인 일본인 작가 에이메이 카네야마의 그림이다. 친구 인스타그램에서 그의 작품을 보고 감탄했다. 카네야마는 캔버스에 폭발하는 색채의 향연을 표현하는 사람이다. 그건 구상화이기도 하고 추상화이기도 하다. 어떤 그림은 물감을 덩어리째 집어서 캔버스에 던진 것 같기도 하다. 또 어떤 그림은 물감을 쓱쓱 발라서 무언가 알 듯 말 듯한 구조를 만들어냈다. 운이 좋게도 나는 친구의 소개로 에이메이 카네야마의 작업실에 놀러갈 기회를 얻었다. 한남동의 작은 작업실에는 열 점 남짓한 그림들이 걸려 있었다. 그중 한 그림이 눈에 들어왔다. 가장 고요한 그림이었다. 나는 그 고요함이 좋았다. 하얀 캔버스 위에 녹색과 더 진한 녹색이 중첩되며 만들어내는 구조가 마치 산인 것 같기도 하고 해변에 밀려드는 파도인 것 같기도 했다. 평화였다. 작업실을 나서는 내 손에는 그 그림이 들려 있었다.

그러고 보니 내 생에 가장 처음으로 산 그림은 나의 자화상이다. 아니, 사실 그건 내 자화상이 아니다. 하지만 그건 역시 내 자화상이다. 한국의 가장 유명한 일러스트레이터 중 한 명인 아티스트 이강훈의 전시회에 갔다가 그 그림을 보았다. 2014년에 열린 그의 개인전은 일러스트와 아트 사이의 경계를 무너뜨리는 기묘하고 뒤틀린 아름다움으로 가득했다. 뭐라도 사고 싶었다. 사야 했다. 다만 그림의 사이즈가 지나치게 커서 다른 작품들은 도무지 구입할 엄두가 나질 않았다.

전시회 구석에 흑백으로 그린 자화상 시리즈가 서너 점 걸려 있었다. 그중 하나는 분명히 나였다. 마른 얼굴에 뿔테안경을 쓰고 퀭한 눈빛을 한 남자의 자화상은 당시의 나와 지나치게 닮아 있었다. 지금 나는 75킬로그램의 육중한 중년이지만 당시 내 몸무게는 50킬로그램이 채 나가질 않았다. 누가 몸무게를 물어보면 "케이트 모스 전성기 때 몸무게예요" 하며 웃고 말던 시절이다. 그 그림은 나였다. 동시에 나는 진실을 알고 있다. 그 그림은 이강훈 작가의 자화상이었다. 우리 둘은 약간 닮은 데가 있었다. 그럼에도 나는 "이 그림은 누구예요?"라고 묻지 않았다. 그냥 나의 자화상이라고 착각하고 싶었다. 계속 착각하고 싶었다. 그래서 그림을 샀다. 나는 여전히 이강훈 작가에게 그림 속 인물이 누구인지 묻지 않는다. 그래서 지금 거실 벽에 걸려 있는 그림은 여전히 내 인생에서 처음으로 아티스트에게 의뢰해서 만든 자화상으로 남았다. 행복한 자기기만이다.

*

여기까지가 나의 초보 컬렉터로서의 역사다. 나는 운이 좋았다. 아티스트 친구가 있었다. 아티스트를 아는 친구가 있었다. 그 덕에 발빠르게 신진 작가들의 전시회에서 마음에 드는 그림을 비교적 저렴한 가격에 구입할 수 있었다. 아는 작가들의 그림을 산다는 것은 꽤 즐거운 일이다. 벽에 걸린 작품을 그린 사람과 나 사이에 인간적인 케미스트리가 있다는 사실을 깨닫는 순간에 컬렉터로서 느끼는 자부심은 글로 설명하기가 힘들다. 하지만 이 글을 읽는, 그림을 언젠가는 한번 사볼까 고민하고 있는 독자분들께 아티스트와의 내밀한 친분이 있어야 할 필요는 전혀 없다는 이야기는 꼭 하고 넘어가야겠다. 오히려 당신에게 필요한 건 그제 갤러리아백화점에서 본 셀린느의 200만 원짜리 재킷을 포기하고 첫번째 그림을 살 수 있는 자본적 용기다.

내가 가장 마지막으로 산 그림은 노성두 작가의 모던한 가톨릭 성화다. 연희아트페어라는 게 있다. 연희동에 있는 작은 갤러리들이 매년 벌이는 행사다. 여기 가면 신인 작가들의 재미있는 그림을 상당히 합리적인 가격에 살 수 있다. 사실 나는 새 그림을 살 생각은 없었다. 프리랜서가 되자 소비를 좀 줄여야 했다. 4대보험도 안 되고 벌이도 들쑥날쑥한 프리랜서는 예술에 투자할 용기가 조금 엷어진다. 노성두 작가의 그림을 보자마자 나는 그것이 내 벽에 걸려 있는 미래를 보았다. 며칠 전 장바구니에 담아둔 질샌더 재킷을 포기해야 하는 것인가 고민하던 찰나, 갤러리 직원이 말했다.

"가격은 40만 원입니다."

질샌더 재킷 한쪽 소매 가격으로 나는 내 벽에 걸려 있는 미래를 샀다. 아트를 샀다. 성모마리아는 전나환 작가와 이강훈 작가 그림 옆에서 살짝 비웃고 있다. 그림이란 프린트해낸 포스터와는 역시 다르다. 살아 있다.

마지막으로 나는 전나환 작가에게 애도를 바치며 이

글을 마무리해야 한다는 의무감을 느끼고 있다. 전나환은 지난 2021년 12월 7일 세상을 떠났다. 오픈리 퀴어로서 그는 스스로의 성적 지향을 예술로 승화하는 동시에, 다양한 성소수자 활동에 자신의 그림을 굿즈나 일러스트의 형태로 헌사했다. 그는 많은 위대한 젊은 천재들처럼 지나치게 빨리 떠나버렸다. 작품들이 온당 받아야 할 조명과 가격을 제대로 누리지도 못한 채로 가버렸다. 그가 남긴 작품들은 사후 전시회라는 슬픈 이름으로 언젠가는 다시 공개가 될 것이다. 지금 내 거실 벽에는 전나환이 걸려 있다. 나는 180만 원으로 이르게 떠난 작가의 가장 눈부시던 순간을 구입했다. 그건 내 인생의 가장 근사한 쇼핑이었다고 확신한다.

오브제
당신만의 코비와 미샤

미샤를 샀다. 미샤는 1980년 모스크바올림픽 마스코트다. 사실 나는 1980년 올림픽을 기억하지 못한다. 냉전의 시대였다. 서구 자본주의 국가들은 소련의 아프가니스탄 침공에 항의해 모스크바올림픽을 보이콧했다. 동구 공산주의 국가들은 서구의 보이콧에 항의해 이후 로스앤젤레스올림픽을 보이콧했다. 반공을 국가 이데올로기의 첨병으로 삼은 한국도 모스크바에 선수들을 보내지 않았다. 중계도 하지 않았다. 소련에서 만든 모든 것이 철저하게 금지된 시절이었다. 그 시절을 지나 소련이 러시아가 된 어느 날, 나는 본 적 없는 모스크바올림픽의 마스코트 도자기를 샀다. 추억 때문이 아니다. 추억이 있을 리 만무하지 않은가. 답은 간단하다. 예쁘기 때문이다. 예쁜 것이라면 뭐든지 사서 사이드보드 위에 올려놓아야만 직성이 풀리는 당신이라면, 미샤가 뭔지 모르면서도 그저 예뻐서 샀다는 내 답변을 충분히 이해할 수 있으리라 믿는다.

나는 올림픽 마니아다. 1984년 로스앤젤레스올림픽 이후 개최된 모든 올림픽의 개막식과 폐막식을 봤다. 모든 올림픽의 마스코트를 기억한다. 캐릭터 산업이 고도로 발전한 나머지 모든 것이 캐릭터화되어버린 지금과는 다른 시절이었다. 1990년대까지만 해도 올림픽 마스코트는 전 세계인의 사랑을 받는, 드문 상업적 캐릭터였다. 디자이너 김현이 만든 1988년 서울올림픽 마스코트 '호돌이'는 전근대적이던 한국 디자인계를 단번에 진화시킨 기념비적 아이콘이었다. 4년 뒤 열린 1992년 바르셀로나올림픽의 마스코트 '코비'는 스페인의 국민적 디자이너 하비에르 마리스칼이 만들었고 캐릭터 디자인의 흐름 자체를 바꿔놓았다. 그러나 올림픽 역사상 최고의 마스코트를 선정하라면 그건 모스크바올림픽의 '미샤'여야만 한다. 미국 팝아트 비평가 피터 하틀라웁도 역대 올림픽 마스코트에 순위를 매기며 미샤를 1위로 꼽은 바 있다. 2위는 코비, 3위는 호돌이였다.

초대형 LED 스크린이 탄생하기 전의 올림픽 개막식은 그야말로 인간이 육체로 만들어낼 수 있는 모든 행위의 완성체에 가까웠다. 그중에서도 모스크바올림픽 개막식은 정말이지 압도적이다. '이런 것이 공산주의 미학의 절정이다!'라고 외치는 듯 아찔한 매스게임이 이어진다. 사람을 갈아넣어서 만들 수 있는 스펙터클의 한계를 뛰어넘는 전체주의적 미학이 가득하다. 하지만 미샤는 다르다. 전통적으로 러시아를 상징하는 불곰을 모델로 한 이 마스코트에는 공산주의 미학의 파워가 전혀 없다. 동화 삽화작가인 빅토르 치지코프의 디자인은 너무나도 동글동글해서 여리고 귀엽고 사랑스럽다. 미국과 세상을 둘로 쪼개어 지배하던 제국의 힘은 느껴지지 않는다. 그러니까 이건 귀여운 가식이다. 만약 미샤가 말을 할 수 있다면 "우리가 지난해 아프가니스탄을 불법으로 침공한데다가 언제나 핵무기를 워싱턴D.C.에 내리꽂을 준비가 되어 있다는 사실은 잠시 잊어주세요"라며 수줍게 웃을 것이다.

사실 나는 무엇이든 수집하고 전시해야 직성이 풀리는

맥시멀리스트의 정신 상태를 고백하기 위해 이 글을 쓰고 있다. 그러므로 올림픽 마스코트에 얽힌 냉전의 역사를 수집하는 것까지도 나의 맥시멀리스트 정신에 부합한다고 말할 수 있다. 나는 지난 20여 년간 수많은 물건을 모아왔다. 그중에서도 가장 아끼는 두 가지는 바르셀로나올림픽 마스코트 코비와 모스크바올림픽 마스코트 미샤다. 두 마스코트는 나에게 지난 20세기 디자인의 절정을 느끼게 만들어 주는 걸작들이다. 사실 20세기의 올림픽 마스코트들은 디지털 시대 이전의 산물이다. 디자이너들은 종이 위에 자와 컴퍼스를 이용해 캐릭터들을 창조했다. 그래서 인간의 손맛이라는 게 깃들어 있다. 2000년대 이후 올림픽 마스코트들은 디지털로 보다 자유롭게 디자인됐다. 손맛은 사라졌다. 누구도 기억하지 못하는 존재가 되어 잊혔다. 어쩔 도리 없는 변화이기도 했다. 20세기와는 달리 21세기는 이미 수많은 상업적 캐릭터로 넘친다. 올림픽 마스코트는 포켓몬과 대결할 수 없다.

다만 나는 올림픽 마스코트의 역사를 보며 디자인의 세계가 정말로 진화했는지 의심하곤 한다. 20세기의 나는 21세기가 되면 살아 있는 듯한 곡선을 가진 부드러운 디자인이 모두의 집을 바꾸어놓으리라 확신했다. 그런 일은 벌어지지 않았다. 물론 당신은 유기적이고 미래적인 디자인으로 유명했던 건축가 자하 하디드의 유작인 뉴욕 고급 아파트 '520w28(웨스트첼시콘도)'을 머릿속에서 떠올리고 있을지도 모른다. 그 아파트의 내부는 20세기가 상상하던 21세기적 거주공간과 꽤 닮아 있다. 하지만 나는 자하 하디드의 아파트에 살고 싶은 마음이 없다. 그건 심지어 더는 미래적으로 보이지도 않는다.

대신 수많은 명작을 탄생시킨 20세기 대표 가구 디자이너 찰스 임스와 레이 임스 부부가 1949년에 완공한 '임스하우스'를 꿈꾼다. 그 오래된 집은 임스 부부가 디자인한, 이 글을 읽는 여러분이 이미 갖고 있거나 다음 월급을 받으면 반드시 할부로 구입해야겠다고 다짐하고 있는 가구들로 가득하다. 그런데 임스하우스를 진정으로 완성시켜주는 건 임스의 가구가 아니다. 임스 부부가 수십 년간 모으거나 친구들에게 선물받은 오브제들이다. 임스하우스는 오랜 시간에 걸쳐 차곡차곡 수집한 물건들을 더한 뒤에야 마침내 완성된 집이다. 나는 임스하우스를 볼 때마다 집이라는 공간은 결국 거기 사는 사람의 캐릭터가 더해져야만 진정한 집이 된다는 사실을 깨닫는다.

*

한때 맥시멀리즘 인테리어가 유행하자 사람들은 한국의 몇 안 되는 북유럽풍 인테리어숍에서 구입한 물건들로 사이드보드나 찬장을 채우기 시작했다. 인스타그램 '인테리어 맛집'들은 일란성쌍둥이처럼 서로 닮아가기 시작했다. 나는 당근마켓에 들어갈 때마다 프리츠한센의 이케바나 화병을 목격한다. 마포구에만 이 정도 숫자라면 그 화병은 서울에서만 적어도 1천 가구 정도가 소유하고 있을 것이 틀림없다.

당신에게는 당신만의 기억이라는 개성이 있다. 당신만의 취향이라는 무기가 있다. 당신만의 코비와 미샤가 있다. 그것들은 어딘가의 벼룩시장이나 이베이에서 당신이 발견해주기만을 기다리고 있을지 모른다. 당신의 역사와 개성을 보여주는 오브제를 찾아내는 일은 맥시멀리스트의 가장 근원적인 조건이다. 맥시멀리스트의 집이라는 건 인테리어숍에서 구입한 물건들로 하루아침에 완성되지 않는다. 맥시멀리즘은 트렌드와는 가장 거리가 먼 단어다.

    덧붙이자면, 나는 미샤를 우크라이나 키이우에 살고 있는 이베이 판매자로부터 구입했다. 그는 자신의 조부모가 오랫동안 간직하고 있었을 법한 구소련의 수많은 잡동사니들을 팔고 있었다. 그의 할머니는 모스크바올림픽이 열린 1980년의 어느 날 미샤를 구입했을 것이다. 위대한 소련의 거대한 이벤트를 축하하며 구입했을 것이다. 우크라이나도 소련의 일부분이던 시절이었다. 그로부터 11년 후 소련은 해체됐다. 우크라이나는 자신만의 정체성을 만들어가는 독립국이 됐다. 아마도 그 우크라이나 판매자의 조부모는 돌아가셨을 것이다. 미샤는 더이상 집에 장식해 놓을 가치가 없는 지나가버린 시대의 유물에 불과했을 것이다. 나는 겨우 30달러에 그의 과거를 구입했다. 그의 과거는 나의 현재가 됐다. 새로운 제국을 꿈꾸는 전쟁광 푸틴의 군대가 키이우의 민간인 거주지역을 미사일로 폭격하기 10여 년 전이었다.

정보랄 건 없지만

맥시멀리스트의 비밀 쇼핑 사이트

"어디서 그 많은 물건을 다 사신 거예요?"

항상 듣는 질문이다. 그렇다. 나는 물건이 많다. 많아도 너무 많다. 물론 나는 자랑스러운 맥시멀리스트로서, 단 한 번도 내 물건의 수에 대해서 부끄러워한 적이 없다. 나는 비어 있는 공간을 도저히 견디지 못한다. 가구와 가구 사이에도 공간 따위가 있어서는 곤란하다. 비어 있는 벽도 참지 못한다. 만약 당신이 태생적인 미니멀리스트라면 내 집에 오는 순간 정신이 혼미해질 것이다. 어쩌겠는가. 세상에는 비워야 사는 사람이 있고 채워야 사는 사람도 있다. 나는 후자다. 압도적인 후자다.

인스타그램에 집 사진을 올리면 언
제나 디엠을 받는다. 대개는 "테이블에
올려져 있는 모택동 동상은 어디서 사
신 거예요?"라거나 "분홍색 사슴 머리
촛대 같은 건 대체 어디서 찾으신 거예
요?" 같은 질문이다. 그러게나 말이다.
세상에 분홍색 사슴 머리 촛대 같은 걸
집에 갖고 있는 사람은 잘 없다. 이런
기이한 물건은 매거진 〈아파르타멘토〉
에 나오는 1970년대 뉴욕 소호의 예술
가가 1960년대 벼룩시장에서나 구입했
을 법하다. 아, 물론 나 자신을 1970년
대 뉴욕 소호 예술가와 비교하는 가당
찮은 소리를 하려는 게 아니다. 그만큼 이상한 물건을 많
이 짊어지고 산다는 자책을 하고 있을 뿐이다. 그렇다면 그
이상한 물건들은 어디서 구입한 거냐고? 어떤 비밀의 쇼핑
사이트를 갖고 있는 거냐고? 딱히 비밀이라고 할 것도 없
다. 이로써 이 글의 제목이 낚시글이었음이 밝혀졌다.

내가 가진 가구들은 서울의 인테리어 편집숍에서 구입

한 것이다. 이노메싸, 더콘란샵, 루밍, 에이치픽스, 그리고 헤이다. 가구를 해외 사이트에서 구매하기란 쉬운 일이 아니다. 세금과 배송료를 생각한다면 서울의 편집매장이 당연히 더 낫다. 빈티지도 마찬가지다. 전통의 북유럽 스칸디나비아 빈티지 가구숍 모벨랩 이후 서울에는 비슷한 편집매장이 많이 생겨났다. 10여 년 전만 해도 스칸디나비아 가구를 좋아하는 사람들은 말했다.

"도쿄로 가야 해. 도쿄에 모든 게 있어."

일본인들은 1980년대 버블시절 전 세계의 모든 역사적이고 중요하고 아름다운 빈티지 가구들을 깡그리 사 모았다. 신주쿠를 팔면 캘리포니아도 살 수 있다고 포효하던, 일본의 아름다운 시절이었다. 버블이 끝나자 가구들은 시장에 나왔다. 돈이 떨어지면 사람들은 사치재부터 먼저 팔게 마련이다.

당신은 여기서 묻고 싶을 것이다. 스칸디나비아 가구가 사치재냐고? 당연히 그건 일종의 사치재다. 성인 남성이 쉬이 품에 안고 옮길 수 있는 작은 사이드보드를 100만 원에 구입하는 건 당연히 사치다. 대개 사람들은 그런 물건을 5만 원 정도 주고 이케아에서 구매한다. 비싼 것은 다 기본적으로 사치재다. 그런데 사치가 나쁜 것인가? 당신이 감당할 수 있는 정도의 사치는 결코 나쁜 것이 아니다. 아니, 가끔은 감당할 수 없는 사치를 하는 것도 나쁘지는 않다. 나는 돈이 많은 사람이 아니지만 재정적으로 무책임한 사람이기 때문에 종종 사치를 한다. 다만 중요한 게 있다. 사치를 할 땐 가치가 있는 사치를 해야 한다.

다시 일본 이야기로 돌아가보자. 서울은 새로운 도쿄다. 지금 전 세계 도시 중 서울만큼 다양한 인테리어 편집숍과 빈티지 가구숍이 있는 도시는 드물다. 겨우 지난 10년 동안 벌어진 일이다. 10년 전만 해도 당신이 원하는 가구를 살 수 있는 매장은 극히 드물었다. 이노메싸와 루밍 정도가 전부였다고 기억한다. 살 수 있는 브랜드도 한정적이었다. 당시에는 프리츠한센이나 루이스폴센 정도의 이름만 알아도 인테리어에 대해서 꽤 잘 안다고 자부할 수 있었다. 그런 시절은 끝났다. 인스타그램에 올라오는 다양한 집 인테리어 사진만 봐도 알 수 있다. 때로는 나도 인스타그램을 보면서 "아니, 이런 게 한국에 있다고?"라는 감탄사를 내뱉고는 한다. 한국은, 특히 서울은 정말이지 굉장하다. 이 도시가 드디어 세상의 중심 중 하나가 됐다는 자부심을 우리 모두 가져도 괜찮다. 그런 건 국뽕이 아니다. 국뽕은 국가가 딱히 뽕이 없을 때나 부리는 것이다. 싸이의 〈강남스타일〉과 김치밖에 자랑할 게 없던 시절은 끝났다.

*

잠깐, 이 글은 나의 비밀 쇼핑 사이트를 자랑하기 위해 쓰기 시작한 것이다. 그러니 목적에 더욱 충실해야겠다. 요즘 내가 가장 아끼는 빈티지 편집숍은 확실히 사무엘스 몰즈다. 나는 이 매장이 꽤 재미있는 일들을 벌이고 있다고 생각한다. 근사한 쓰레기를 본격적으로 한국에 소개하고 있다는 이유에서다. 브랜드도 없고 디자이너 이름도 모르는 오래된 유럽의 가구와 소품들을 나는 근사한 쓰레기라고 부른다. 사실 나는 오랫동안 바실리체어가 사고 싶었다. 10여 년 전 윤여정 선생님 댁에 갔다가 본 바실리체어의 아름다움은 정말이지 기가 막혔다. 가져야만 했다. 사야만 했다. 하지만 결국 나는 그걸 사지 못했다. 10여 년 전과 지금은 다르다. 바실리체어는 갑자기 힙스터들의 유행 아이템이 됐다. 라프시몬스 코트를 입던 젊은 친구들마저 바실리체어를 사기 시작했다. 이 글을 읽고 있는 당신도 그럴 테지만 무언가가 갑자기 유행하기 시작하면 구매 욕구도 갑자기 추락하게 마련이다. 나는 뭔가 좀 다른 걸 사고 싶었다. 유명한 디자이너의 빈티지가 아니어도 괜찮았다. 모두가 오픈런으로 샤넬백을 구입하는 시대에는 차라리 파리 벼룩시장에서 구입한 오래된 가죽가방이 더 멋져 보이게 마련이다.

그래서 내가 구입한 가구는 사무엘스몰즈에서 팔던 꽤 희한한 곡선 프레임을 가진 라운지체어였다. 브랜드도 없고 디자이너도 없었다. 가죽은 지나치게 낡은 나머지 수선이 필요했다. 그럼에도 의자가 집에 도착하는 순간 나는 환호성을 질렀다. 1970년대 이탈리아의 어느 사무실에서 썼을 법한 이 의자는 한국에 딱 두 개밖에 없을 것이다. 이유는 간단하다. 사무엘스몰즈가 딱 두 개를 팔았기 때문이다.

새 제품과 브랜드에 대한 집착에서 벗어나는 순간 새로운 세계가 열린다. 나와 비슷한 취향을 가진 사람에게 또 권하고 싶은 것은 '엣시'라는 앱이다. 슬로베니아의 셀러가 파는 1960년대 카페에서 썼을 법한 플라스틱 체어에 환장하는 사람이라면 엣시를 피해갈 수는 없다. 파리와 베를린의 벼룩시장을 앱에다가 그대로 옮겨놓았다고 생각하면 된다. 특히 빈티지 소품을 저렴하게 구입하고 싶다면 엣시만 한 곳은 없다.

물론 결국 내가 도달하는 곳은 언제나 이베이다. 내가 가진 괴상하고 이상한 소품들의 절반은 이베이에서 왔다. 나는 특히 도자기로 된 제품에 대한 굉장한 집착이 있다. 그래서 매일 밤 이베이에 접속해 'Figurine(주로 도자기로 만들어진 작은 입상)'이라는 단어와 내가 원하는 단어를 조합해 검색하는 버릇이 있다. 고양이 도자기가 갖고 싶다면 'Cat Figurine'을, 사람 얼굴 모양의 도자기가 갖고 싶다면 'Face Figurine'을 검색하면 된다. 검색어를 넣는 순간 지난 100년간 생산된 거의 모든 종류의 도자기 제품들이 눈앞에 펼쳐질 것이다. 망할, 나는 도대체 얼마나 많은 밤을 집요한 이베이 검색으로 지새웠던가. 사실 멈출 때도 됐다. 내 테이블과 사이드보드에는 더는 물건이 올라갈 자리가 없다.

정보랄 건 없지만

아니다. 나는 지금 거짓말을 하고 있다. 사실 나는 얼마 전 일본 사무라이 도자기를 이베이로 구입했다. 지금 태평양을 건너오고 있을 그 도자기는 지나치게 아름다운 나머지 꽤 비싼 가격에도 불구하고 사지 않을 도리가 없었다. 사무라이가 집에 도착하는 날 나는 작은 환영파티  를 열 생각이다. 쿠팡이츠로 배달이 가능한 가장 값비싼 스시 세트를 주문할 것이다. 남의 사연이 깃든 물건을 집에 들일 때는 정화의 세리머니가 필요하다고 배웠다. 내 어머니의 가르침이다.

맥시멀리스트의 비밀 쇼핑 사이트

이노메싸
노르딕 디자인의 가치와 라이프스타일을 제안하며, 클래식한 디자인과 신진 디자이너들의 현대적 디자인을 아우르는 조화로운 큐레이션이 돋보인다.

더콘란샵
리빙 편집숍의 시조격인 곳. 1973년 런던에서 설립됐으며 디자이너들의 인테리어 상품을 엄선해 소개하는 대표적인 곳으로 자리를 잡았다.

루밍
이탈리아, 프랑스, 영국, 북유럽 등 세계 각지 인테리어 제품들을 소개한다

에이치픽스
컨템포러리 디자인과 예술이 조화를 이루는 공간을 지향한다. 다시 말해 비싼 제품들이 많다.

사무엘스몰즈

맥시멀리스트들의 천국과도 같은 곳. 브랜드도 없고, 디자이너의 이름도 모르는 근사한 쓰레기들이 많다.

엣시

나와 취향이 비슷한 분들께 권하는 곳. 빈티지의 가치를 새롭게 만날 수 있다.

이베이

당신은 이미 이곳을 알고 있을 것이다. 그야말로 없는 게 없다.

숨기고 싶은 것들

기념 수건과 끈끈이 스틱

맥시멀리스트인 나는 기본적으로 물건을 집안에 늘어놓아야 안심이 되는 사람이다. 늘어놓은 물건 속에서 아름다움과 행복을 찾는다. 나는 매일 (새로 주문한) 뭔가를 만나며 살고 있다. 서랍 속에 넣어두는 물건은 몇 없다. 가지고 있는 모든 물건을 매일매일 눈으로 확인하면서 산다. 어떤 면에서 맥시멀리스트로 사는 것은 미니멀리스트로 사는 것보다 더 속 편한 일이다. 마음에 드는 물건을 사서 아무 데나 놓아두면 인테리어 작업은 종료다. 미니멀리스트들은 뭔가를 어디에 숨겨야만 직성이 풀리는 사람들이다. 기껏 구입한 물건을 대체 왜 숨기고 사는지 나로서는 이해할 수가 없다. 물론 미니멀리스트들은 나를 견디기가 힘들 것이다. 역시 세상은 음과 양의 조화로 돌아간다.

다만 나도 숨기고 싶은 것들이 있다. 내가 감추고 싶은 물건들은 대부분 주방이나 욕실에 있다. 이를테면 이사 전 엄마가 보냈던 부산항만공사 기념 수건이 그러하다. 물론 나도 안다. 진정한 인테리어 장인이 가장 신경쓰는 것은 사소한 것들이다. 그들은 아버님의 로터리클럽이나 남편의 골프클럽에서 가져온 기념 수건들은 절대 욕실에 걸지 않는다. 대신 좋은 면으로 직조한 단색 컬러의 수건 세트를 아름답게 접어서 라탄 바구니에 수납한다. 혹은 욕실 수납장에 마치 고대의 성벽을 쌓듯이 치밀하고 견고하게 수건을 쌓아둔다. 얼마 전 파티에서 만났던 한 남자는 이렇게 말했다.

"역시 그 사람의 센스를 알 수 있는 건 수건 아니겠어요? 도훈씨도 아무 수건이나 욕실에 걸어두지는 않을 거 아닙니까?"

나는 거짓말을 했다. 아니다. 거짓말이라고 할 수는 없다. 나는 그냥 눈이 없어지도록 조커 같은 미소를 지으며 "아, 뭐 그렇죠. 후후후!" 하고 얼버무렸을 뿐이다. 거짓말은 결코 아니었다. 아니다. 결국 그건 거짓말이었다. 나는 그날 아침 부산로터리클럽 로고가 궁서체로 새겨진 촌스러울 정도로 파란 수건으로 얼굴을 닦고 나왔다는 사실을 스스로 폭로할 만큼 솔직한 사람은 아니다. 나는 부끄러움을 느꼈다. 약간의 수치도 느꼈다. 이러저러한 인테리어 매체에 공개할 정도로 집을 잘 꾸미고 산다는 자부심이 있는 남자가 아무 수건이나 욕실에 걸어두고 있다는 사실이 민망했다. 나는 결심했다. 수건을 사야겠다. 부드럽고 매끄러운 코마사 면으로 된 부들부들한 40수 수건을 사야겠다. 아름다운 크림색 수건을 차곡차곡 쌓아서 라탄으로 된 바구니에 넣어두리라. 마치 5성급 호텔 욕실을 사용하는 듯한 기분을 매일매일 만끽하고야 말리라.

*

사실 생각해보면 나는 수건 접는 장인에 가깝다. 1990년대에 군복무를 마친 한국 남성들이라면 이게 무슨 소리인지 짐작할 수 있다. 요즘 군대 막사에서는 마치 미국 고등학교처럼 철제로 된 개인 관물대를 쓴다. 30여 년 전에는 그렇지 않았다. 속이 훤히 들여다보이는 오래된 나무로 된 관물대를 썼다. 관물대를 쓰는 데도 까다로운 규칙이 있었다. 보유하고 있는 몇 안 되는 옷과 수건을 각지게 접어서 마치 무지개 케이크처럼 쌓아두어야 했다. 저녁 점호시간이 되면 당직을 보던 사관이 들어와 모든 병사들의 관물대를 하나하나 검사했다. 쌓아둔 수건의 각이 조금이라도 무너지거나 비틀려 있으면 점호시간은 곧 기합시간으로 바뀌었다. 그래서 그 시절 20대 한국 남자들은 모두 수건 접기 장인이 됐다. 장인이 되지 않으면 살아남을 수가 없었기 때문이다.

한국 군대는 남자를 만드는 곳이 아니다. 살림꾼을 만드는 곳이다. 사실 후방 부대에 근무하던 남자들은 총을 쏠 기회도 거의 없었다. 군대에 간 남자들이 진정으로 배우는 것은 일평생 한 적이 없던 살림하는 법이다. 매일매일 내무반 구석구석의 먼지를 완벽하게 제거하는 방법을 배운다. 구두를 백설공주 계모의 거울처럼 닦는 방법을 배운다. 연병장의 먼지로 더러워진 티셔츠와 속옷과 수건을 갓 태어난 북극곰 새끼처럼 하얗게 빨래하는 방법을 배운다. 그리고 수건을 가장 완벽한 직각으로 접는 방법을 배운다.

군대 이야기는 이쯤에서 그만하고 다시 수건 이야기로

돌아가자. 나는 아직도 코마사 면으로 된 40수 수건 세트를 사지 않았다. 인터넷에서 구매 버튼을 누르려는 순간이었다. 샤워 후 몸을 닦는 데 쓰는 천 쪼가리 따위에 십수만 원의 돈을 쓰기가 너무 아깝게 느껴졌다. 어머니가 부산에서 보낸 부산항만공사 기념 수건은 아직도 옷장 어딘가에 수도 없이 쌓여 있다. 눈 뜨고 보기도 힘든 무궁화 자수가 끔찍하게 새겨진, 언젠가의 한국 정부가 추석 기념으로 여기저기 보낸 수건도 여전히 건재하다. 도무지 내 취향에 맞지 않는 물건들이지만 해질 때까지 쓰지 않고 새 수건을 산다는 것은 일종의 낭비다.

게다가 혼자 사는 남자 집의 수건 따위를 누가 보겠는가 말이다. 사진으로 찍어 인스타그램에 올리지 않는 이상, 누구도 눈치챌 리 없다. 나는 종종 욕실 거울 앞에서 셀피를 찍어 인스타그램에 올리곤 한다만, 그때마다 항상 수건은 바닥에 던져둔다. 인스타그래머블 라이프를 유지하기란 정말이지 피곤하기 짝이 없는 일이다. 게다가 나는 몇 년 전부터 쓸모없는 지출과 낭비를 줄이고 지구 환경에 조금이라도 도움이 되는 삶을 살기로 했다. 하와이, LA 화재 등등 세계 곳곳에서 일어나는 재난들을 보면서 내 후손들에게는 꼭 더 나은 지구를 물려주리라 결심했다. 나는 결혼하지 않고 아이도 낳지 않을 것이므로 명확한 직계 후손이란 영원히 존재하지 않을 테지만, 꼭 피로 연결된 후손만이 후손은 아니지 않은가. 보다 전 지구적인, 혹은 전 인류적인 사고방식으로 살아야 하는 시대다. 그렇다. 나는 수건 살 돈이 아까웠다는 소리를 전 지구적인 이슈까지 끌어들여 이토록 거창하게 하고 있는 것이다.

삶이란 그렇다. 아무리 집을 인스타그래머블하게 꾸미고 살더라도 생활의 흔적을 완벽하게 지울 수는 없다. "설레지 않으면 버리라"던 정리 전문가 곤도 마리에도 아들을 낳고 나서 미니멀 수납 라이프를 포기했다고 고백, 아니 자백하지 않았던가.

지금 내 집에서 가장 공개하기 싫은 끔찍한 물건을 하나 소개하며 이 글을 끝내야겠다. 주방에 걸어두는 날벌레용 끈끈이 스틱이다. 음식물 쓰레기를 10분만 내놓아도 자연 발생이라도 하듯이 날아드는 초파리를 잡기 위해 나는 여름 내내 온갖 방법을 시도했다. 내가 가진 가장 예쁜 도자기 안에 식초를 넣고 랩으로 밀봉해서 DIY 초파리 트랩도 만들어봤다. 소용없었다. 결국 내 주방을 구원한 것은 쿠팡에서 주문한 끈끈이 스틱이다. 끈끈한 점성이 있는 노란색 스틱 모양의 이 물건은 모든 초파리를 끌어들여 자신의 몸에 붙여버리는 기적을 행했다. 지금 내 주방에 걸려 있는 끈끈이 스틱에는 서른일곱 마리의 초파리가 생명을 다한 채 붙어 있다. 속은 시원하지만 결코 보기 좋은 광경은 아니다. 어쩌겠는가. 효과적으로 살기 위해서는 끔찍하게 못생긴 물건들도 감내해야 하는 법이다. 집은 집이고 인테리어는 인테리어고 인스타그램은 인스타그램이다. 그리고 생활은 생활이다.

PART 2
기억들

엄마의 이불
참을 수 있는 꽃무늬의 낭만

 나의 지난 20년은 어머니의 흔적을 지우는 과정이었다. 서울에 살 집을 구한 건 20년 전이다. 영화 잡지 〈씨네21〉 신입사원 공채에 합격하면서였다. 면접을 본 다음날, 광화문을 거닐다 전화를 받았다.

 "김도훈씨죠? 합격하셨습니다."

 세종대왕 앞에서 길길이 뛰며 기뻐했다. 하지만 그것도 잠시였다.

 "다음주 월요일에 출근 가능하신가요?"

 사실 이런 경우에는 합격자의 사정에 따라 입사일을 어느 정도 조정하는 것도 가능하다. 그러니 나는 이렇게 말해야 했다.

"제가 집이 부산이라 집 구하고 준비하는 데 일주일 정도 시간이 걸릴 것 같습니다. 한 주 뒤에 출근해도 될까요?"

당연히 그래도 된다. 문제는 내가 첫 직장에 합격한 기쁨에 지나치게 매몰되어 있었다는 사실이다. 나는 말했다.

"그럼요. 다음주 월요일에 출근하겠습니다."

전화를 끊자마자 패닉이 몰려왔다. 오늘이 금요일인데? 주말 안에 서울에 살 집을 마련하고 출근까지 한다고? 미친 거 아니야? 그게 가능해? 가능하게 만들어야만 했다. 오늘 부산에 내려가지 않고 서울에 남아 집을 구하면 될 일이었다. 다행히 요즘과는 달리 2003년의 서울 전세와 월세는 감당이 되는 정도였다. 당시 홍대 앞 10평짜리 원룸 전세는 5천만 원을 넘지 않았다. 지금으로서는 상상도 할 수 없는 일이지만 그땐 그랬다.

하루 만에 원룸을 구했다. 회사가 마포라 홍대 앞에 집을 구했다. 사실 홍대 앞에서 살고 싶어 좀 무리를 했다. 그 시절 홍대 앞은 지금과 좀 달랐다. 밴드와 클럽으로 가득한 그 시절 홍대 앞은 서울에서 가장 인디적이고 문화적인 움직임이 요동치던 곳이었다. 원룸은 구했는데 그곳을 채울 물건이 없었다. 당장 덮고 잘 이부자리부터 마련해야 했다. 그때 어머니로부터 전화가 왔다.

"지금 제일 빠른 택배로 이부자리 보낼게. 새로 사지 말고 기다려라."

다행이었다. 20대 후반 나이에 어머니 도움을 받는다는 게 좀 민망한 일이긴 했다만, 어쩌겠는가. 이럴 땐 고양이 손이라도 빌려야 한다.

이틀 뒤, 택배가 도착했다. 작은 원룸에 짐을 풀었다. 꽃이 튀어나왔다. 꽃무늬가 가득한 이불이 줄줄이 나왔다. 순간 당황했다. 부모님 집에 살던 시절에는 부모님 취향에 맞출 수밖에 없었다. 내가 돈을 주고 산 이불도 아닌데 내 취향까지 따질 수는 없는 일이다. 다만, 나는 어머니의 취향에 대한 존중이 있었다. 어머니는 적어도 우리 아파트 단지 안에서는 가장 세련된 물건을 고를 줄 아는 분이었다. 그럼에도 불구하고 어머니와 내가 맞지 않는 취향이 하나 있었다. 꽃무늬 이불이었다. 어머니 세대에게 잠자리는 꽃밭이었다. 대체 왜? 나도 모르겠다. 다른 세대의 취향이라는 건 그들이 성장하면서 겪은 많은 요소에서 오기에 내가 함부로 재단하기 힘들다. 하지만 가만 생각해보니, 어

머니 세대는 연인에게 꽃다발을 선물하는 것이 가장 로맨틱한 일이었다. 꽃이라는 건 사랑의 상징이었다. 가족의 사랑도 사랑이다.

나는 꽃무늬가 싫었다. 꽃이 그려진 그 어떤 것도 좋아할 수 없었다. 남자라서 그런 게 아니다. 여기서 무슨 고정된 젠더 의식 같은 걸 이야기할 생각은 추호도 없다. 그저 내 취향 탓이다. 모던하고 깔끔한 취향을 가진 많은 여성 독자님들도 로맨틱한 꽃무늬 이불이 징글징글하게 싫을 것이다. 나는 꽃무늬를 서서히 지워나가기 시작했다. 다행히도 2000년대는 선택의 여지가 늘어났다. 더 다행히도 내가 서울로 올라온 2003년에는 무인양품이 한국에 진출했다. 나는 무인양품의 진출이 한국 젊은 세대의 침구류 취향을 확연하게 바꿨다고 확신한다. 이전의 한국 회사들은 잘 만들지 않던 깊은 색감의 모던한 침구류는 당시로서는 혁명적이었다. 그렇다고 어머니가 서울에 진출한 아들에 대한 깊은 사랑을 마구 담아 보낸 꽃무늬 이불을 버릴 수는 없었다. 나는 그렇게 매정한 자식이 아니다.

*

꽃무늬 이불이 내 침실에서 사라지는 데 4~5년의 시간이 걸렸다. 대신 무인양품에서 구입한 회색, 카키색 침구들로 방을 채우기 시작했다. 그제야 내 집 같았다. 나는 패턴이 있는 옷은 견디지 못한다. 침구류도 마찬가지다. 아무런 무늬도 패턴도 없는 심플한 이불을 덮자 정말이지 살 것 같았다. 소셜미디어를 그렇게 많이 하면서도 그 꽃무늬 이불 시기에는 내 방을 찍은 사진이 거의 없다. 나름 취향 좀 있다고 뻐기는 직업을 갖고 살면서 어머니가 부산 동래 롯데백화점 7층에서 구입한 꽃무늬 이불을 덮고 산다는 사실을 세상에 알릴 수는 없었다. 하여간 잡지기자라는 인간들이 이렇다. 연봉도 얼마 안 되면서 취향만 확고해진다. 잡지기자 중에 착실하게 월급을 저축해서 집 샀다는 소리는 들어본 적이 없다. 만약 당신이 잡지기자인데 월급을 모아서 집을 샀다면…… 사과드린다. 당신의 저축력은 정말이지 존경받을 가치가 있다.

7월 말 즈음, 자다가 중간에 깼다. 더워서 깼다. 그리 더운 날씨는 아닌데도 잠자리가 축축하게 젖었다. 나는 땀이 많은 타입이다. 유독 땀이 많아서 여름에는 수건을 들고 다녀야 할 지경이다. 내가 땀이 비정상적으로 많은 이유를 엄마에게 캐봤다.

"네가 어릴 때부터 몸이 너무 허약해서 엄마가 인삼을 그리 달여 먹였잖아. 한 10년 먹였을걸. 인삼이 원래 열이 많은데, 그래서 너도 열이 많나?"

그래. 모든 것은 다 어머니 덕이고 어머니 탓이다. 아니다. 사실 진짜 문제는 침대였다. 내 침대 매트리스는 템퍼 제품이다. 물론 나는 템퍼를 좋아한다. 목 디스크가 있는 자에게 템퍼는 거의 유일한 선택지 중 하나다. 어쨌거나 척추 건강에 이만큼 괜찮은 매트리스는 없다. 장점이 있으면 단점이 있게 마련이다. 템퍼의 문제는 덥다는 것이다. 메모리폼 매트리스의 공통적인 단점이다. 너무 고밀도로 짜인 매트리스라 좀처럼 체온을 방출하질 못한다. 이렇게 쓰면 템퍼 관계자의 반박이 들어올지 모르겠다만, 솔직히 관계자 여러분도 이걸 모를 리가 없다. 그래서 오리지널 브리즈 27 같은 여름 특화 모델이 새롭게 등장한 것이다. 프리미엄 제품이라 좀 비싸다. 원래 템퍼는 비싸기 때문에 바람 좀 잘 드는 모델이 나왔다고 그걸로 교체하기도 힘들다.

어느 날, 매주 집에 오시는 가사도우미 선생님이 말했다.

"기자님, 땀을 너무 흘리시는 거 같아요. 매주가 아니라 매일 이불을 빨아야 할 정도인 것 같은데, 뭔가 좀 시원한 이불이라도 까시는 게 낫지 않을까요?"

정확한 지적이었다. 템퍼의 단점을 상쇄하기 위해서는 순면으로 된 무인양품 제품보다 좀더 시원한 천으로 된 침구 세트가 필요했다. 선생님이 말했다.

"인견으로 된 얇은 매트리스랑 이불을 좀 구입하셔요."

나의 단점은 땀을 많이 흘리는 것만이 아니다. 뭘 잘 잊어버리는 게으른 성격도 치명적인 단점이다. 선생님의 간곡한 부탁에도 불구하고 두어 달을 그냥 지냈다. 매일매일 침대 위에서는 땀 파티가 열렸다. 템퍼 매트리스가 누렇게 바랠 정도의 파티가 매일 열렸다. 뭔가 조치를 취하지 않으면 밤마다 물속에서 허우적거릴 지경이었다. 2주 전, 갑자기 거대한 택배가 도착했다. 어머니가 보낸 택배였다. 엄마와 통화를 했다.

"아니, 가사도우미 선생님이랑 통화하는데 네가 땀을 뻘뻘 흘리면서 잔다잖니. 동래 롯데백화점에서 인견으로 된 침구 세트 사서 보냈어. 걱정 마라. 나도 너 까다로운 취향 잘 알잖아. 무늬 없는 심플한 걸로 보냈어."

근심이 몰려왔다. 어머니의 심플함과 나의 심플함이 같을 리가 없다. 택배를 뜯었다. 근심은 적중했다. 꽃무늬가 나왔다. 물론 20년 전 어머니가 나에게 보냈던 이불의 꽃무늬와는 달랐다. 컬러풀한 꽃무늬는 없었다. 대신 하얀 바탕에 파란색으로 자잘한 꽃무늬가 "후훗, 멀리서 보면 꽃무늬 아닌 것 같지만, 속았지?"라고 외치고 있었다. 어머니는 여전히 어머니였다. 결코 꽃무늬를 포기할 수 없는 20세기의 소녀였다. 어쩌면 요즘 어머니 시력이 나빠져서 단색으로 자잘하게 널려 있는 꽃무늬를 보지 못하셨을 수도 있다. 어머니에게 문자를 보냈다.

- 응, 심플하고 좋네요. 고마워요. 잘 쓸게요.

*

이부자리를 침대 위에 폈다. 인견으로 된 얇은 이불을 깔고, 또 인견으로 된 얇은 이불을 덮고 잠들었다. 순식간에 깼다. 여덟 시간이 지난 상태였다. 나는 땀을 한 방울도 흘리지 않았다는 사실을 발견했다. 그처럼 쾌적한 수면은 정말이지 오랜만이었다. 옛 중국 지도자 모택동은 말했다. 검은 고양이든 흰 고양이든 쥐만 잘 잡으면 된다. 이 말은 중국이라는 국가가 자본주의를 받아들인 출발점이었다. 그제야 나는 모택동의 말을 이해할 수 있었다. 꽃무늬든 아니든 잠만 잘 자면 되는 것이었다. 나는 어머니의 쾌적한 사랑을 있는 그대로 받아들이기로 했다. 어머니의 사랑은 너무 위대해서 취향도 넘어서고야 마는 것이다.

모카포트
인생이란 참으로 일관성이 없다

 더는 만나지 않는 친구들이 있다. 가만 생각해보면 그렇다. 중년의 나이에 곁에 남아 있는 친구는 사실 몇 되지 않는다. 고등학교 친구들은 대학에 들어가는 순간 멀어진다. 대학 친구들은 직장에 들어가는 순간 멀어진다. 첫 직장의 친구들은 다음 직장에 들어가는 순간 멀어진다. 두번째 직장의 친구들은…… 여기서 멈추자. 잔인하게 말하자면 우리는 친구를 갈아치우면서 늙어간다. 물론이다. 우정은 영원하다. 나는 여전히 대학 시절 밤을 새우며 인류의 미래를 토론했던 친구들과의 우정을 또렷이 기억하고 있다. 대체 그런 걸 왜 토론했는지는 모르겠다만, 대학 시절이란 원래 지적 허영의 절정에 도달하는 시기니 어쩔 도리는 없었다. 첫 직장에서 온갖 고난을 견디며 선배들 욕을 함께했던 친구들과의 우정도 여전히 생생하다. 그렇다. 다시 말하지만, 우정은 영원하다. 친구는 영원하지 않다. 우정은 추억이 되어 살아남고 친구는 추억 속에서만 살아간다. 하여간 인생이라는 건 참으로 일관성이 없다.

*

때로는 인생에서 사라졌던 친구와 다시 만나기도 한다. 이를테면 후쿠시마 출신의 도쿄 여성 이즈미 안도 상이 그러하다. 나는 이즈미를 대학 시절 휴학하고 떠난 캐나다 어학연수 시절에 만났다. 옥상에서 혼자 맛대가리 없는 샌드위치를 욱여넣으며 영어 단어를 외우고 있는데 이즈미가 나타났다. 그녀는 말했다.

"나는 메리라고 해."

나는 답했다.

"나는 데이먼이라고 해."

아시아권 학생들은 영어권 국가에 가기 전에 미리 영어 이름을 짓는 경향이 있었다. 일본어 이름도 한국어 이름도 영어권 사람들이 외우기에는 어렵다며 지레 겁을 먹은 탓이다. 요즘은 그런 경향이 점점 사라지고 있다. 아시아권 사람들의 자존감이 예전보다는 훨씬 높아지고 있다는 증거이니 아주 바람직한 일이다.

이즈미는 비즈니스 영어를 배우는 고급반에 있었다. 나는 총 8단계의 기본 회화반으로 구성된 학원에서 4단계로 출발했다. 학원은 한국인으로 가득했다. 캐나다로 가기 전 나는 결심했다. 절대 한국인과는 친구가 되지 않으리라. IMF 시절에 부모 돈으로 팔자 좋게 어학연수를 가면서 한국인과 어울리느라 영어 공부를 소홀히 할 수는 없다는 나름의 결단이었다. 당연히 한국 아이들은 재수없어했다. 재수없는 사람이 되는 것이 1년이나 캐나다에 머무른 뒤 한국에 돌아가 제대로 된 영어 문장도 구사할 수 없는 재수있는 사람이 되는 것보다는 훨씬 낫다고 생각했다. 그래도 친구가 필요했다. 학원은 스패니시와 차이니즈와 재패니즈와 코리안으로 가득했다. 스패니시 애들은 자기들끼리 놀았다. 차이니즈도 자기들끼리 놀았다. 재패니즈도 자기들끼리 놀았다. 코리안은 자기들끼리 놀기로 유독 유명했다.

이즈미를 만난 건 행운이었다. 나는 한국인 친구가 없었고, 그녀 역시 일본인 친구가 없었다. 둘이 대화하면 어쨌거나 영어를 할 수 있다는 장점이 있었다. 친구를 장단점 따져가며 만나냐고 묻는다면, 그 시절 캐나다 달러가 얼마나 비쌌는지를 이야기할 수밖에 없다. 다시 말하지만, 한화가 바닥을 치던 IMF 시절이었다. 이즈미와 나는 곧 단짝이 됐다. 우리는 곧 '메리'와 '데이먼'이라는 가짜 영어 이름을 없애고 서로를 '이즈미'와 '도훈'으로 부르기 시작했다. 이즈미는 말했다.

"너는 내 첫 한국 친구야. 사실 나는 한국을 별로 좋아하지 않았는데 너는 좋아졌어."

1990년대였다. 그 당시 한국과 일본의 차이는 어마어마했다. 누구도 한국에 대해 궁금해하지 않았다. 가장 인기 있는 아시아권 학생은 언제나 일본인이었다. 경제학적으로 보자면 한국과 일본의 1인당 GDP가 서너 배나 차이가 나던 시절이었다. 게다가 캐나다인들은 모두 『드래곤볼』을 읽는 것 같았다.

한국으로 돌아가야 하는 마지막 주말, 친구들과 작은 파티를 열었다. 이즈미는 각자 한국과 일본에 돌아가서도 자주 보자고 했다. 그렇게 될 리가 없었다. 우리의 삶은 각자의 방식으로 흘렀다. 1990년대가 끝나자 2000년대가 왔다. 이즈미가 한국에 온 것은 2000년대 중반이었다. 사흘 동안 그녀는 서울에 머물렀다. 이상하게도 캐나다에서 볼 때와는 느낌이 좀 달랐다. 반갑게 사흘을 보내면서도 나는 속으로 생각했다.

'아, 이 관계는 조만간 끝이 나겠구나.'

내가 일본에 간 것은 2000년대 후반이었다. 출장으로 간 김에 이즈미에게 전화를 했다. 이상하게도 목소리가 조금 차가웠다. 나는 일종의 '깜짝 방문이야!' 같은 서프라이즈를 안겨주고 싶었다. 하지만 이는 잘못된 생각이었다. 도쿄에서 만나자마자 그녀가 말했다.

"그런데 왜 미리 연락하지 않았어? 사실 일정이 있는데 취소해야만 했어."

너무나도 한국인이었던 나는 그 말이 섭섭했다. 너무나도 일본인이었던 이즈미는 내가 미리 연락을 하지 않았다는 사실을 섭섭해했다. 도쿄에서의 만남은 이렇게 섭섭하게 끝났다. 어쩌면 우리는 다시 만나지 않을 것이다. 확신했다. 2000년대가 그렇게 끝났다. 2010년대도 흘러갔다. 이즈미 없이 흘러갔다.

이즈미의 연락을 다시 받은 것은 2023년 가을이었다. 그녀는 쓰지 않던 페이스북 메신저로 연락을 했다.

- 도훈! 너무 오랜만이야. 나 서울에 가게 됐어.

꼭 널 보고 싶어.

서울에서 만난 이즈미는 늙어 있었다. 나도 늙었다. 청년 시절에 마지막으로 만났던 우리는 중년이 된 얼굴을 마주보며 웃었다. 이즈미가 서울에 온 이유는 꼭 나를 보고 싶어서만은 아니었다. 그녀는 한동안 우울증을 겪었다고 했다. 그리고 우울증에서 빠져나오는 데 큰 도움이 된 한국인이 있다고 했다. BTS(방탄소년단)의 RM이었다. 사실 내가 알던 이즈미는 약간의 혐한 감정을 갖고 있던 전형적인 일본인이었다. 2023년의 이즈미는 케이팝과 BTS의 열정적인 팬으로서, 나와 알던 시절에도 공부할 생각이 전혀 없던 한국어를 배우고 있었다. RM이 콘서트와 라이브 방송에서 하는 말을 모두 알아듣기 위해서였다. 우리는 간장게장을 먹고 BTS 광고판이 있는 곳에서 사진을 찍으며 한남동을 산책했다. 우리는 늙었다. 변했다. 각자의 방식으로 살다가 이상한 방식으로 다시 모이게 됐다. 우정이 새로 시작되는 게 느껴졌다. 훨씬 편안하고 익숙한 형태의 우정 말이다.

*

내가 지난 20여 년간 커피를 마시는 방식은 천천히 변해왔다. 처음 서울에서 혼자 살기 시작했을 때는 프렌치프레스로 커피를 내렸다. 가장 간단한 방법이었기 때문이다. 그러다 모카포트를 발견했다. 곱게 간 원두와 물을 포트에 채운 뒤 가스레인지 위에서 가열하면 보글보글 올라오는 커피향이 그렇게 좋을 수가 없었다. 외국에 나갈 때마다 모카포트를 샀다. 어차피 맛은 같지만 다른 컬러와 형태의 모카포트를 모으는 건 꽤 즐거운 일이었다. 모카포트는 여행할 때 가져가기도 편했다. 이탈리아 친구는 나를 칭찬했다. 그게 바로 이탈리아 사람들이 커피를 만드는 방식이라고 했다. 나는 나의 모카포트들과 평생을 함께할 모든 준비가 되어 있었다. 결코 모카포트를 배신하는 일은 없으리라 확신했다.

사람은 확신이라는 걸 하면 안 된다. 10여 년 전 사귀던 사람이 생일날 선물한 네스프레소 캡슐 머신이 나의 다짐을 무너뜨렸다. 편안함이 나를 굴복시켰다. 네스프레소 머신은 결코 모카포트 같은 향과 맛을 내주지 않았다. 하지만 사람이 나이가 들면 편한 것이 좋아지게 마련이다. 아침

잠이 많은 나는 원두를 갈고 모카포트로 커피를 끓일 시간을 미리 계산한 뒤 기상했다. 이젠 그럴 필요가 없었다. 캡슐을 넣고 버튼을 누르기만 하면 되는 네스프레소 머신의 압도적 편리함을 모카포트는 도저히 이길 수가 없었다. 나는 모카포트를 친구들에게 나눠주고, 마음에 드는 모카포트 몇 개만 창고에 쑤셔넣었다. 그리고 잊었다. 영원히 나는 캡슐의 안락함에 몸을 맡기고 살아갈 예정이었다.

이즈미가 도쿄로 돌아가고 몇 달 뒤 나는 창고 정리를 하다가 모카포트를 발견했다. 그것들을 꺼내어 안에 낀 커피 기름때를 깨끗이 씻었다. 곱게 간 원두를 사서 모카포트로 커피를 끓였다. 아, 이 맛이었다. 커피란 자고로 이렇게 끓여야 한다는 듯한 향과 맛이었다. 나는 사랑하던 모카포트들을 선반에서 가장 잘 보이는 곳에 두었다. 제자리를 찾아줬다. 이 아름다운 오브제들을 창고에 처박아뒀던 과거를 회개했다. 우정이 다시 시작된 것이다.

운동과 미식축구
세상 모든 낀 세대를 위한 항변

나는 1994년 대학에 입학했다. 지금의 20대를 젠지세대라고 부르듯, 당시의 어른들은 우리를 엑스세대라고 불렀다. 어떤 선배들은 게스 청바지를 입고 가면 미제의 앞잡이라도 되는 듯 우리를 노려봤다. 그럼에도 운동권 선배들은 어떻게든 이 한심한 후배들을 마지막 운동의 불꽃으로 만들기 위해 애를 썼다. 키가 꽤 크던 같은 학과 친구는 원래도 사회운동에 관심이 많았다. 그는 곧 운동권 선배들과 공부를 하고 다녔다. 당시에는 소리내 말하는 것조차 금기시되던 5·18 민주화운동 관련 시위가 가끔 열렸다. 최루탄 향기가 캠퍼스로 올라오는 일도 있었는데, 그럴 때 나는 얼른 후문으로 빠져나가 새로 생긴 카페에서 무라카미 하루키 책이나 읽을 생각으로 가득했다.

운동을 하던 친구는 또다른 운동을 하고 싶어했다. 미식축구였다. 미식축구부는 꽤 선망의 대상이었다. 아마도 중요 부위 가리개가 툭 튀어나와 있는 유니폼 덕분이었을 것이다. 뭐 다른 이유가 있었을 수도 있다. 하여간 운동권 선배들과 운동을 시작한 친구는 미식축구부에도 가입을 신청했다. 선배는 말했다.

"운동하는 사람이 미 제국주의 스포츠를 하는 건 말이 안 된다."

친구는 항변했다.

"운동이랑 미식축구랑 무슨 상관이 있습니까?"

선배들의 심문에도 친구는 개의치 않았다. 결국 미식축구 유니폼을 입었다. 선배들과 운동을 계속하던 학우 중 하나는 다음해 단과대 대표 후보로 나와 "캠퍼스 자판기에서 코카콜라를 모두 없애겠습니다"라고 말했다. 우리는 대자보를 보며 웃었다.

*

엑스세대는 운동을 버리고 자신을 선택한 세대였다. 집단보다 개인을 선택한 세대였다. 한국 역사상 처음이었을 것이다. 미디어는 엑스세대의 개인주의를 이기주의로 해석했다. 1980년대부터 2000년대 사이에 태어난 밀레니얼세대에 대해 비아냥거리는 전세대의 농담이 기분 나쁜 밀레니얼세대가 있다면, 이미 엑스세대가 그 비아냥을 더욱 집단적이고 광적인 형태로 겪음을 이해해주시길 바란다. 그 시절에는 소셜미디어가 없었기 때문에 남아 있는 자료가 적을 뿐이다. 다만 다른 것이 하나 있다. 1970년대 중반부터 1980년대 중반에 태어난 엑스세대가 국가에 충성할 줄 모르고 전세대인 386세대의 운동을 존경할 줄 모르는 세대가 된 이유는 한국이 아주 잠깐 누린 경제적 풍요 덕분이었다. 그래서 나는 밀레니얼세대를 '돈도 없는 주제에 비싼 아보카도 샌드위치나 먹는 철없는 세대'라고 공격하는 데에 찬성할 수 없다. 우리는 원두커피를 먹는 데 3천 원이라는 돈을 쓰기 시작한 첫 세대니까 말이다.

엑스세대는 늙었다. 40대가 됐다. 엑스세대는 이제 엑스세대라고 불리기를 좀 겸연쩍어한다. 더욱 겸연쩍은 단어는 '영포티'다. 몇몇 한국 미디어들이 40대가 된 엑스세대를 지칭하면서 쓰기 시작한 이 단어는 얼굴이 화끈거릴 정도로 기만적이다. 밀레니얼세대가 왜 영포티라는 단어를 내세운 기사를 그토록 공유하며 비웃었는지 충분히 이해한다. 그들에게 엑스세대는 조금 다른 형태의 꼰대다. 이를테면 대기업 부장으로 일하는 내 친구는 "밀레니얼들이 제일 싫어하는 건 엑스세대 꼰대"라고 증언한 바 있다. 586세대는 그냥 꼰대다. 그들은 당신들이 하는 말을 이해하지 못한다. 해내라고 지시할 뿐이다. 엑스세대 꼰대는 다르다. 그들은 당신의 기획안을 보며 이렇게 말할 것이다.

"내 기획안이 더 영하고 힙하지 않니?"

미안하다. 젊은 척하는 꼰대라는 게 얼마나 기분 나쁜 존재인지 나도 알고, 그들도 알고 있다.

그럼에도 약간의 항변은 필요하다. 모든 세대가 자신이 '낀 세대'라고 한숨을 쉰다. 엑스세대도 그렇다. 이제 우리 세대는 중간관리자급이 됐다. 그러나 엑스세대는 어디서도 보이지 않는다. 586세대는 서로 끌어주는 집단주의와 긴 정년을 무기로 한국의 정치, 경제, 사회 모든 곳을 지배한다. 그들은 너무나도 오랫동안 헤게모니를 장악하고 있는데다 인구수도 압도적으로 많은 덕에 도무지 권력을 이양할 필요성을 느끼지 못한다. 586세대를 모시는 처지가 된 엑스세대는 리더가 되어본 적이 없다. 아마도 리더가 되는 일은 없을 것이다. 엑스세대가 유일하게 뭔가를 해내는 듯한 분야가 있다면 그건 문화다. 1975년생인 김태호 PD와 1976년생인 나영석 PD가 대표적이다. 그들은 새로운 예능의 시대를 열었다. 윗세대와 아랫세대가 모두 즐길 수 있는 오락의 포맷을 창조했다. 그리고 그들은 기회가 오자마자 독립했다. 간섭 없이, 간섭하지 않고 독자적으로 일하는 길을 선택했다.

사실 그건 너무나도 엑스세대적인 선택이다. 나는 온라인 미디어 〈허핑턴포스트〉(현 〈허프포스트코리아〉)의 편집장이 되며 처음으로 관리자의 입장으로 밀레니얼세대와 일했다. 그리고 엑스세대가 얼마나 관리자로서 적합하지 않은 세대인지를 뼈아프게 깨달았다. 엑스세대 관리자들은 팀원들에게도 간섭하기를 꺼린다. 간섭을 가장 싫어했던 세대니 어쩔 도리 없는 일이다. 밀레니얼세대는 달랐다. 끊임없이 피드백을 원했다. 야단쳐주길 원했다. 육성해주길 원했다. 엑스세대는 수능 첫 세대였다. 불타는 사교육의 세대가 아니었다. 치밀한 성적 관리 시스템과 대학 수시입학의 세대도 아니었다. 우리는 방임당한 세대다. 방임당한 세대는 계속해서 방임당하고 싶어한다. 잔소리 듣지 않고 회사를 다니는 것이 최고의 목표다. 나는 잔소리를 해야 했지만 도무지 입에서 잔소리가 튀어나오지 않았다. 그리고 생각했다. '왜 이 친구들은 스스로 성장하려 하지 않고 성장시켜주길 바라는 걸까?' 그렇다. 나는 지금 내가 최악의 관리자였다는 사실을 고백하고 있다.

엑스세대의 진정한 문제는 여기서 출발해야 할지도 모른다. 우리는 스스로 리더의 길을 포기한 세대다. 586세대에 도전하지 않았다. 우리는 다르다고 소극적으로 외치기만 했다. 전세대의 밑에서 혹은 독립적으로 일하는 것이 가장 편하다고 스스로를 납득시켰다. 밀레니얼세대의 코치로서 행동하기도 거부했다. 불편한 점을 모조리 드러내며 징징거리는 세대라며 고개를 돌렸다. 집단적 관행을 거부하고 목소리를 내는 밀레니얼세대를 보며 우리는 고자질하듯이 서로에게 속삭였다.

"586이 낳고 기른 세대라 그래."

우리는 스스로를 '낀낀 세대'라고 하며 한숨을 내쉬면서도 윗세대와 아랫세대의 연결고리가 되기를 포기했다.

★

얼마 전 왕가위의 영화 〈중경삼림〉을 다시 봤다. 쌍꺼풀 수술을 하기 전의 금성무는 사랑의 유통기한을 만 년으로 하고 싶다고 했다. 나는 입으로 작은 비명을 내질렀다. 그랬다. 그토록 자기 속으로 침잠하던 엑스세대는 이토록 느끼한 중년들이 됐다. 아마도 우리는, 엑스세대는 이렇게 살다가 죽을 것이다. 어쩌겠는가. 영원히 철들지 않는 세대도 세상에 뭔가를 기여하게 마련이다. 아마도 유흥산업? 여하튼 나는 운동 대신 미식축구를 선택한 친구가 멋지다고 생각했다. 연대 대신 자신을 선택한 그가 옳다고 생각했다. 나는 아직도 그렇게 믿는다.

샤기컷
그 시절, 간지와 실수 사이

샤기컷을 해야만 했다. 2003년이었다. 샤기컷이라는 게 한국에 들어왔다. 일본에서 들어온 샤기컷은 가위로 머리카락 끝부분 숱을 뾰족하게 정리하는 헤어스타일이다. 2000년대 초반 한국에는 P2P 사이트들이 하나씩 생겨나기 시작했다. 가장 인기 있던 콘텐츠 중 하나는 일본 드라마였다. 나는 당대의 스타였던 기무라 타쿠야가 나오는 드라마들을 모조리 다운로드받아서 봤다. 옷도 끝내줬지만 무엇보다도 끝내줬던 건 헤어스타일이었다. 짧거나 길거나, 가르마를 하거나 말거나, 별 선택지가 없었던 한국 남자들에 비해 기무라 타쿠야의 헤어스타일은 뭔가 흐트러진 듯하면서도 설명할 수 없는 '간지'가 있었다. 간지라는 말이 촌스럽게 느껴진다고 해도 좀 참으시라. 나는 2000년대에 20대와 30대를 보낸 사람이라 간지라는 말을 쓰지 않고 그 시대의 간지를 전할 방법이 없다.

2000년대 초반에는 P2P 사이트뿐만 아니라 디시인사이드를 비롯한 온라인 놀이터가 탄생했다. PC통신과 오프라인 모임에서만 존재하던 덕후들이 몰려들었다. 한국의 제이팝 덕후들은 새로 나온 일본 가수들의 뮤직비디오를 적극적으로 공유했다. 2005년 유튜브가 서비스를 시작하자 전 세계의 뮤직비디오들이 쏟아졌다. 하지만 일본 연예기획사들은 좀처럼 자기 아티스트들의 뮤직비디오를 올리지 않기로 유명했다. 그래도 한국의 제이팝 덕후들은 놀라운 속도로 지난주 차트에 올라간 일본 뮤직비디오를 다음 주에 유튜브나 웹에 올려댔다. 거기서도 가장 멋있었던 건 역시 남자 연예인들의 헤어스타일이었다. 그 놀랄 정도로 세련된 남자들은 다 뭔가 삐죽삐죽한 헤어스타일을 하고 있었다. 기무라 타쿠야도, 록그룹 비즈(B'z)의 멤버들도 모두 같은 헤어스타일을 했다. 샤기컷이었다.

2000년대 초반, 한국에는 샤기컷을 하는 헤어숍이 없었다. 그런데 인터넷을 뒤지다가 서면의 한 헤어숍이 부산에서 최초로 샤기컷을 한다는 소식을 봤다. 당시 부산의 모든 유행은 당시 가장 떠오르던 도심인 서면에서 시작됐다. 서면시장 골목에 있는 건물 5층에 위치한 헤어숍으로 들어갈 때는 가슴이 쿵쾅거렸다. 원래 우리는 새로운 헤어숍을 방문할 때 약간의 울렁증을 느낀다. 새로운 헤어스타일을 시도해야 할 때는 거의 구역질이 나올 것처럼 긴장되게 마련이다. 나는 어떻게든 문을 통과해 자리에 앉았다.

"어떻게 해드릴까요?"

나는 아주 찬찬히 답했다.

"샤…… 기…… 컷……이요."

미용사는 '너 같은 촌스러운 애들을 오늘도 열세 명쯤 겪었다'는 심드렁한 태도로 머리를 자르기 시작했다.

"샤기컷은 바리깡은 안 씁니더. 가위로 요래 촵촵촵 깎아야 되는 겁니더."

나는 눈을 감았다. '촵촵촵' 소리가 끝없이 들려왔다.

완성된 머리는 가히 놀라웠다. 기무라 타쿠야는 없었다. 비즈도 없었다. 거울 속에는 무언가 쥐가 '촵촵촵' 파먹은 듯한 머리를 무스로 마구 헝클어놓은 매우 촌스럽게 생긴 한국 남자가 있었다. 하지만 나는 뭔가 뿌듯함을 느꼈다. 그건 아마도 '부산에서 샤기컷을 한 남자는 나밖에 없을 것'이라는, 트렌드세터가 느낄 법한 뿌듯함이었다. 그리고 나는 부산대 앞에 있는 빈티지숍에서 옷을 사기 시작했다. 그 무렵 로드숍과 빈티지숍들이 홍대를 비롯한 전국 대학가에 생겨났다. 당시 부산대 앞에서 가장 유명한 로드숍에는 이후 톱모델이 될 배정남씨가 일하고 있었다. 나는 배정남씨의 날카로운 눈빛으로부터 고개를 돌리고 그가 입은 스타일의 옷을 사기 시작했다. 유튜브 채널 〈피식대학〉에서 최준이 기가 막히게 묘사하던 쿨제이 스타일이 막 태동하고 있었다.

*

그 시대를 겪은 사람으로서 2000년대의 패션을 단 하나의 단어로 묘사하자면 근본 없는 화려함이다. 무지 티셔츠를 입는 사람은 없었다. 모든 티셔츠는 해석 불가능한 영어 문구와 프린팅으로 가득했다. 헬스가 대중화된 시절도 아니어서 그런지 몸매가 근사한 사람이 하나도 없는데, 남자들은 가슴팍까지 깊게 파인 요란한 티셔츠를 입었다. 한여름에 비니를 쓰는 사람도 많았다. 트루릴리젼은 다리가 짧은 사람은 입어서는 안 되는 부츠컷 청바지를 생산했다. 불티나게 팔렸다. 나는 부츠컷 청바지의 3분의 1 정도를 잘라내고 입었다. 더는 부츠컷이 아니었다. 여자들의 패션도 달라졌다. 몸매를 드러내는 1990년대 패션은 가고 헐렁한 후드와 더 헐렁한 면바지를 입은 여자들이 길거리에 늘어났다. 치마를 입는 여자들은 티셔츠 위에 니트로 된 볼레로를 입었다. 본더치 모자는 일종의 유니폼이었다. 무엇보다도 무시무시한 패션은 아래위로 깔 맞춘 벨벳 추리닝이었다. 엉덩이에 'Juicy'라는 문구가 새겨진 핑크색 추리닝이 길거리에 등장한 순간은 2000년대 패션의 어글리한 절정이었다고 기록되어야 마땅할 것이다.

시대는 돌고 돈다. 유행도 돌고 돈다. 1980년대 패션이 2010년대 다시 돌아왔을 때는 꽤 반갑기도 했다. 1980년대 패션은 촌스러워 보이지만 뭔가 일맥상통하는 촌티라는 게 있다. 전영록이 영화 〈돌아이〉에서 입고 나온 청청패션은 새로운 시대의 손길을 조금만 더하면 꽤 근사해질 구석이 존재한다. 발렌시아가 같은 브랜드들이 1980년대 내가 학교에 입고 갔던 일명 '돌 청바지(물 나염 청바지)'를 내놓았을 때는 나도 하나 사고 싶었다. 1990년대 패션 역시 마찬가지다. 1990년대 전 세계에는 미니멀리즘이 유행하고 있었다. 한국에서는 엑스세대가 그 미니멀리즘을 어느 정도 받아들여 자기 것으로 소화해냈다. 한정된 색채와 아이템 속에서 자신의 정체성을 드러내려는 시도였다. 그때 모두가 입었던 크롭톱이나 오버사이즈 팬츠는 2020년대의 새로운 세대가 재해석해서 입을 만한 아이템들이다.

하지만 2000년대 패션은 다르다. 모든 것이 폭발했다. 색채는 난무하고 아이템은 종잡을 수가 없었다. 그건 시대의 유산이기도 했다. 2000년대가 오자 마침내 인터넷이 세계를 하나로 이었다. 자라, 유니클로, H&M 같은 온갖 스파 브랜드들이 생겨나기 시작했다. 인터넷 쇼핑몰이 우후죽순으로 생겨났다. 엄청난 속도로 발전하는 미디어의 힘으로 연예인 패션은 트렌드에 즉각 반영됐다. 갑자기 지나치게 많은 정보가 쏟아졌다. 지나치게 많은 아이템이 쏟아졌다. 정보와 아이템이 넘치는 시대에는 모두가 정신을 차리지 못하는 법이다. 그 혼돈 속에서 사람들은 어떻게든 튀어야만 살아남을 수 있다고 생각했다. 그러니 구글에 2000년대 한국 패션 암흑기라는 문장을 검색하는 순간 쏟아지는 그 무시무시한 난장판은 정말이지 그 시대에 고스란히 머물러야 한다. 가슴골이 보이는 골지 민소매에 조끼를 덧입고 그 시대를 증언하는 무수한 사진들을 남긴 가수 KCM도 웃음을 위한 예능 프로그램이 아니고서는, 더는 2000년대 패션을 입지 않는다. 인간이란 실수로부터 배우는 존재다. 단호하게 말하자면 2000년대는 패션의 실수였다.

*

얼마 전 나는 인터넷을 검색하다가 충격적인 사진을 발견했다. 블랙핑크의 제니가 연보라색 벨벳 추리닝을 아래위로 깔 맞춰 입고 있었다. 그건 어쩌면 새로운 세대가 2000년대를 힙한 것으로 다시 인식하기 시작했다는 무시무시한 증거일지도 모른다. 하지만 "손님, 그건 제니입니다"라고 덧붙이고 싶다. 2000년대의 우리는 벨벳 추리닝을 입으면 브리트니 스피어스와 패리스 힐튼이 될 수 있다고 믿었다. 헛된 믿음이었다.

싸이월드가 임시로 재오픈했을 때 나는 그 시절 올렸던 셀카 한 장을 발견했다. 200만 화소 소니 디카에 찍힌 나는 갸스비 왁스를 치덕치덕 바른 갈색 샤기컷 머리를 초

사이어인처럼 세우고, 낮은 화소 때문에 도무지 알아볼 수 없는 영어 문구가 쓰인 초록색 티셔츠와 부츠컷 청바지를 입고 있었다. 거기에 레이밴의 애비에이터 선글라스를 낀 채 약간 골반을 앞으로 뺀 포즈를 취하고 있었다. 나는 죽었다 깨어나도 이 사진을 공개하지 않을 것이다. 함께 웃어 보자며 #2000년대의나 #레트로라는 태그를 달고 페이스북이나 인스타그램에 올리는 일도 없을 것이다. 모든 사람에게는 수치스러운 순간이 존재한다. 하지만 2000년대 패션의 한가운데서 트렌드를 좇았던 순간은 한 인간이 감당할 수 있는 수치의 정도를 넘어선다. 그러니 당신이 나를 정말로 미워한다면 내 부고 사진으로 그 사진을 꼭 쓰시길 바란다. 나는 편한 마음으로 죽지 못한 채 원귀가 되어 당신 앞에 나타날 것이다. 그리고 니트 볼레로로 당신의 몸을 묶고 샤기컷으로 눈을 찌르며 부츠컷 청바지로 목을 조를 것이다.

축구
어느 예비역의 라스트 신

 이 글은 군대에서 축구한 이야기다. 그러니 평소 예비역들이 군대에서 축구한 이야기에 질색하는 분이라면 얼른 다음 장으로 넘어가도 좋다. 하지만 아직 이 페이지에 머물고 계시는 분이라면 안심하시라. 이 글은 축구를 증오한 남자가 군대에서 축구한 이야기다.

*

 나는 1996년에 남들보다 1년 정도 늦게 군대에 갔다. 당시 대학교 2학년을 마치면 입대하는 것이 일종의 불문율이었다. 하지만 나는 그 시기를 맞추지 못했다. 군대에 가기 전에 해야 할 일이 많았다. '너 같은 애는 훈련소에서 죽는다'는 말을 하도 많이 들은 탓에 체력을 올리려고 1년 정도 수영장을 다녔다. 습득 속도가 늦어 수영보다는 수다에 집중하는 어머니뻘 선생님들과 항상 같은 클래스에 머물렀다. 그리고 '좋은 데로 못 빠지면 운전병이라도 해야지'라는 말도 하도 많이 들은 탓에 몇 번이나 떨어진 코스 주행 테스트에서도 반드시 성공을 거두어야 했다. 하지만 누구도 말해주지 않았다. 군대에서 정말로 필요한 건 체력도 아니고 운전면허도 아니라는 사실을 말이다. 무엇보다 필요한 건 바로 축구 실력이었다. 나는 축구를 공부하고 군대에 가야만 했다. 그게 무슨 소리냐. 그 사람 때문이었다, 주○○. 그는 나의 군대 선임이다.

나는 행정병이었다. 지원과라는 곳에서 일했다. 뭐든 지원하기 위한 서류를 담당하는 곳이었다. 내가 담당한 서류들은 대개 '군사보안'이라는 글귀가 찍혀 있었다. 군대에서 절대 유출되면 안 되는 것이 군사비밀이다. 3급 비밀은 누설되면 국가 안전보장에 손해를 끼칠 수 있는 비밀이다. 2급 비밀은 새어나갈 시 국가 안전보장에 뚜렷한 지장을 초래할 수 있는 비밀이다. 1급 비밀은 누설되었을 때 국가 간의 외교 관계를 단절시키고 전쟁을 유발할 수 있는 비밀이다. 내가 다루었던 비밀 서류 중 국가 안전보장에 손톱만큼도 생채기를 낼 수 있는 비밀은 없었다고 확신할 수 있다. 다시 말해 별로 중요하지 않은 일을 했다는 이야기다.

그리고 그곳엔 주○○이 있었다. 그는 지원과 선임이었다. 키는 180센티미터가 훌쩍 넘는데다 살 반 근육 반으로 만들어진 군사기계였다. 군사기계가 왜 행정병들이 근무하는 지원과에 있는가? 행정병은 나 같은 최약체 남자들이 후방에서 서류 작업이나 하라고 만든 보직이다. 군사기계로 태어난 사람들은 해병대나 전방으로 보내야 한다. 그런데 왜 주○○이 지원과에 있는가? 다른 선임들 말을 들어보니 지원과에 지나치게 오랫동안 인력이 공급되지 않았다고 한다. 이러다가는 아예 지원과가 굴러가지 않을 지경에 이르자 일단 신병 누구라도 들어오면 행정병으로 받겠다고 선언한 모양이다. 그 뒤, 그렇게 들어온 행정병이 주○○이었다. 컴퓨터 자판에 손가락도 한 번 올려본 적 없는 행정병, 군사기계 주○○.

군사기계는 나를 내심 좋아했다. 잘 굴릴 수 있을 것도 같은, 대충 눈치 빠른 듯한 졸개가 하나 생겼으니 싫을 일은 아니다. 군사기계는 츤데레였다. 매우 육체적으로 강력한 츤데레였다. 쌀쌀맞고 인정 없어 보였으나 친근하게 대했다. 다만 그 친근함을 주먹으로 풀었다. 그는 대화를 하다가 재미가 있으면 주먹으로 내 어깨를 쳤다. 그는 대화를 하다가 재미가 없어도 주먹으로 내 어깨를 쳤다. 풀스윙으로 쳤다. 나는 경쾌하게 날아갔다. 아니다. 나는 지금 군대 내부에서의 폭력을 고발하고자 이 글을 쓰는 것이 아니다. 1996년이었다. 폭력이 지금보다 훨씬 일상화된, 일종의 커뮤니케이션 도구였던 시절의 이야기다.

츤데레는 참을 수 있었다. 하지만 큰 문제가 발생했다. 군사기계는 심지어 축구기계였다. 그는 축구를 좋아했다. 사랑했다. 무엇보다도 토요일 정오의 평온함을 즐기려는 후임들을 깨운 뒤, 자외선이 위험 농도로 작열하는 연병장에 불러모아 해가 질 때까지 축구를 시키는 행위를 사랑했다. 군대축구에는 규칙이 없다. 옐로카드도, 레드카드도 없다. 그래서 그걸 군대에서는 전투축구라고 부른다. 나는 그걸 축구학살이라고 불렀다. 주○○은 나를 몇 번 경기에 집어넣었다. 말도 안 되는 이야기다. 나는 초등학교 시절에도 스탠드에 앉아 책을 보는 척하며 축구하는 아이들을 지켜보던 사람이다. 심지어 나는 한국을 완전히 들었다 놨던 1986년 멕시코월드컵도 보지 않았다. 내 기억에 멕시코월드컵은 한국에 월드컵 붐을 일으킨 첫번째 행사였다. 한국은 1954년 스위스월드컵 본선에 진출한 이후 32년 만에 동아시아 1위로 본선에 진출한 상태였다. 발전한 기술 덕에 한국에서 처음으로 생중계가 가능해진 월드컵이기도 했다. 당연히 모든 국민이 잠을 설치고 월드컵을 지켜봤다. 모든 것이 처음이었다. 모든 것이 처음이라 신났다. 물론 당시의 내게는 별반 다를 것 없는 나날이었지만.

한국 축구의 역사적인 순간에도 딱히 관심이 없었던 당시의 나에게는 축구하라고 연병장으로 밀어내는 주○○이 있었다. 나는 몇 주를 뛰었다. 의미 없이 뛰었다. 공은 거의 내 근처에도 오지 않았다. 아주 가끔 공이 오면 내 발은 공을 찼다. 차기는 했다. 공은 항상 내가 생각하는 방향과 다른 곳으로 날아갔다. 그 이후 누구도 나에게 패스하지 않았다. 하지만 후임병은 뛰어야 한다. 뛰는 모습을 선임들에게 보여야만 한다. 일병에게 가장 크나큰 죄악은 축구하는 중에 짝다리를 짚고 쉬는 것이다. 주○○은 아예 클래스를 만들었다. 다섯 시간이 넘게 진행되는 축구가 끝나고 나서도 한 시간 더 진행되는 클래스였다. 강사는 주○○, 학생은 김도훈. 둘만의 클래스였다. 그는 일부러 공을 뻥뻥 연병장 한가운데로 찼다. 그럼 나는 짧은 다리로 공을 찾아오기 위해 뛰었다. 찾아온 공은 다시 연병장으로 날아갔다. 그게 수십 번 반복됐다. 주○○은 "너는 체력이 문제야. 체력이"라고 외쳤다. 나는 이 문단을 쓰면서 약간의 PTSD(외상후 스트레스장애)를 느끼고 있다. PTSD를 극복하기 위한 여러 방법 중 하나는 트라우마를 안겨준 사건에 대해 글로 쓰는 것이라고 들었다.

다행히 주○○의 축구교실은 두어 달 뒤 멈췄다. 포기한 것이다. 그는 나 같은 놈은 주전자에 차가운 물이나 떠놓고 선수들 응원이나 하는 편이 나을 거라고 했다. 정답이었다. 사실 내가 가장 되고 싶었던 건 언제나 치어리더였다. 말이 나온 김에 내 인생에 가장 큰 영향을 끼친 영화 중 하나는 커스틴 던스트가 치어리더로 나오는 영화 〈브링 잇 온〉이다. 이 영화가 나온 게 2000년이다. 그해 태어난 사람들도 벌써 만으로 스물다섯이다.

*

이런 내게도 축구를 좋아하게 된 순간이 찾아온다. 축구기계 주○○도 못한 그 일을 마침내 일궈낸 주인공은 바로 2002년 한일월드컵이었다. 나는 월드컵이 열리기 한 달 전, 사귀던 사람에게 차였다. INFP답게 롤러코스터의 〈Last Scene〉을 수백 번 반복해 들어도 도무지 슬픔(과 차인 것에 대한 자학)을 극복할 수가 없었다. 친구가 말했다.

"내일 월드컵 보러 가자. 사직구장에서 중계해준단다."

내가 축구만큼 견딜 수 없어 했던 것이 붉은 악마 티셔츠였다. 붉은 악마 구호였다. 그런 집단적이고 전체주의적인 행위에는 가담하지 않겠다고 다짐했다.

다음날, 나는 울고 있었다. 붉은 악마 티셔츠를 입고 얼굴에 태극기 문양을 붙이고 친구와 끌어안고 울고 있었다. 안정환 선수가 이탈리아전 연장 후반에 골든골을 넣은 순간이었다. 축구는 아름다운 것이었다. 월드컵은 위대한 것이었다. 이별(이 아니라 차인 것)의 슬픔은 순식간에 사라졌다. 휘발됐다. 나는 밤새 부산 시내를 돌아다니며 "대한민국!"을 외쳤다. 결국 이 글은 축구에 PTSD를 가진 남자가 어떻게 실패한 연애를 월드컵으로 극복하고 축구를 사랑하게 됐느냐에 대한 이야기가 되고 말았다. 아, 이 글을 쓴 목적이 하나 더 있다. 나는 주○○을 찾고 있다. 진심으로 만나고 싶다. 복수를 위해서가 아니다. 나이가 들면 그냥 별의별 사람이 다 보고 싶어지게 마련이다. 1977년생 주○○…… 쓰고 보니 이 자식은 나보다 나이도 어렸다.

슬램덩크
그들은 그 시절에 머물러야 한다

사실 그동안 지나치게 많은 사람이 지나치게 많은 매체에 지나치게 많은 '슬램덩크' 관련 글을 써버렸다. 내가 하고 싶은 이야기는 이미 다 했다. 지금 당장이라도 '슬램덩크'를 구글이나 소셜미디어에 검색해보시라. 과거의 영광을 다시 스크린으로 보며 울부짖는 엑스세대 아재들의 글, 그게 보기 싫다고 불평하는 젠지세대의 글, 그 사이에서 마음껏 좋아하면 아재 취급을 받지 않을까 갈팡질팡하는 밀레니얼세대의 글이 줄줄이 이어질 것이다.

나는 전자다. 1976년에 태어났으니 확실히 엑스세대다. 아재다. 모든 엑스세대 아재가 '슬램덩크'를 좋아했던 건 아닐 터이다. 나도 딱히 그걸 좋아할 이유는 없었다. 내가 『슬램덩크』를 읽기 시작한 건 고등학교 1학년 시절이었다. 나는 농구를 좋아한 적이 없다. 당시 한국에서 농구의 인기는 점점 치솟고 있었다. 하지만 아직 농구대잔치가 야구를 위협할 정도로 인기가 폭발한 시기는 오지 않은 상태였다. 아마도 한국 최초의 현대적 슈퍼스타 농구선수였을 문경은이 프로선수로 데뷔한 때는 내가 대학교에 입학한 1994년이었다. 다만 마이클 조던의 이름은 모두가 알았다. 농구는 확실히 미국의 스포츠였다.

나는 농구가 싫었다. 농구라는 이름부터 싫었다. 싫어하는 걸 잘할 수는 없는 일이다. 사건은 고등학교 1학년 체육시간에 벌어졌다. 왜 체육선생들은 농구를 실기평가에 어울리는 스포츠라고 생각했던 건지 도무지 모르겠다. 평가 기준은 간단했다. 코트 한쪽에서 다른 쪽으로 농구공을 드리블해 골대에 넣으면 되었다. 일단 드리블은 가능했다. 문제는 골이었다. 아무리 골대를 향해 공을 던져도 도무지 바스켓에 들어가질 않았다. 대여섯 번을 실패하자 애들이 응원을 시작했다. 내 삶이 농구 만화라면 열띤 응원을 받는 순간 "대지여 바다여 산이여, 그리고 살아 있는 모든 생명체들이여. 아주 조금씩 나에게 원기를 나눠줘!"라고 외치며 멋지게 골대에 공을 넣었을 것이다. 인생은 만화가 아니다. 그로부터 나는 운동장 한편에 있는 농구장 출입을 영원히 (심적으로) 금지당했다.

잘된 일이었다. 나는 어차피 스포츠를 좋아하지 않았다. 돌이켜 생각해보건대 나는 그저 운동선수들을 좋아했을 뿐이다. 그래서 점심시간이 되면 스탠드에 앉아 농구하는 친구들을 감상하며 『슬램덩크』를 읽었다. 몰래 읽었다. 그리고 곧바로 빠져들었다. 도대체 왜? 그건 내가 남자 고등학교라는 약육강식의 피라미드에서 본질적으로 최하위에 속하는 허약한 모범생이었기 때문이다. 누가 나에게 고등학교 3년과 군대 2년 중 무엇을 다시 겪겠냐고 묻는다면, 나는 아무런 고민 없이 군대를 택할 것이다. 군대에는 규율이라도 있다. 그 시절 고등학교에는 규율도 없었다. 아 물론, 내가 영화 〈말죽거리 잔혹사〉에 나오는 고등학생 같은 시절을 보낸 건 아니다. 그럼에도 1990년대의 남자 고등학교는 세렝게티에 가까웠다. 거기서 나의 위치는 약간 발이 빠른 톰슨가젤 정도였을 것이다. 덩치가 크면 물소라도 되었겠지만 165센티미터가 채 되지 않는 키로 그런 위치를 점하기란 불가능했다.

*

　그래서 나는 송태섭이 되었다. 『슬램덩크』를 읽는 동안 나는 송태섭이었다. 160센티미터대의 키로 도내 최고의 가드가 되고 싶어하는 송태섭이었다. 특히 나는 송태섭이 교화되기 전 정대만 일행과 맞서 싸우는 장면에서 온몸을 부르르 떨었다. 송태섭은 작은 키라는 육체적 약점을 뛰어넘기 위해 빠른 스피드와 지형지물을 이용해 싸웠다. 그는 싸울 때마다 책상 같은 물건을 딛고 뛰어서 발로 상대방을 가격했다. 바로 그거였다. 나는 교실에 앉아서 책을 읽다가 책걸상을 던지면서 과하게 장난을 거는 놈들을 보며 '지금 책상을 딛고 뛰어서 발로 머리를 가격한다면 충분히 저놈을 쓰러뜨릴 수 있겠지' 하는 망상을 하곤 했다. 이 망상을 가장 훌륭하게 극화한 것은 웨이브 오리지널 드라마 〈약한영웅 Class 1〉이다. 아직 안 보셨다면 반드시 보시길 권한다.

　물론 나는 고등학교 시절 단 한 번도 누군가와 싸운 적이 없다. 톰슨가젤은 사자에게 덤비지 않는 법이다. 톰슨가젤은 오히려 같은 톰슨가젤과 파벌을 나눠 싸우는 경향이 있는데, 나는 그걸 통해 약자의 연대 같은 건 좀처럼 현실에서 가능하지 않다는 뼈아픈 사실을 배웠다. 약자의 연대가 그렇게 잘 이루어진다면 세상에 학교폭력 같은 건 존재하지도 않을 터이다. 그러니까 정치적으로 공정하게 따져보자면 나는 '슬램덩크'를 좋아해서는 안 되었다. 같은 시기에 탐독하던 아다치 미츠루의 세계가 오히려 나에게 딱 맞았다. 『터치』와 『H2』의 온건한 세계야말로 내가 더욱 아끼고 사랑해야 할 젊음의 유토피아였다. 아니, 생각해보시라. '슬램덩크'의 주인공들은 대부분 양아치들이다. 교실에서 난리를 피우는 양아치들과 함께 살면서, 양아치가 주인공인 만화를 좋아해야 할 이유는 전혀 없었다.

그러니까 '슬램덩크'는 일종의 판타지였다. 온갖 양아치가 등장함에도 불구하고 희한하게 온건하고 바람직했다. 양아치는 양아치와 싸웠다. 양아치가 보통의 학생들을 건드리는 장면은 나오지 않았다. 게다가 모든 양아치에게는 각자의 이유가 있었다. 각자의 청춘이 있었다. 각자의 꿈이 있었다. 이노우에 다케히코가 선택한 것이 그가 좋아하던 스포츠인 농구였을 따름이다. 『슬램덩크』가 그냥 농구 만화였다면, 나는 그 책의 모든 장면을 여전히 기억하고 애장판을 사들이며 영화 〈더 퍼스트 슬램덩크〉의 마지막 장면에서 다른 중년들과 함께 풋내기 슛을 흉내내며 눈물을 쓱 닦지는 않았을 것이다. 『슬램덩크』는 농구 만화가 아니었다. 그건 당시 청춘이던 나조차도 꿈꾸지 못했던 청춘의 절정이었다.

*

솔직히 말하자. 나는 키 작은 약골의 모범생이 되고 싶지 않았다. 그렇게 살 수밖에 없었던 덕에 이렇게 글을 써서 먹고사는 어른으로 성장했지만, 그 시절 마음속의 나는 송태섭이었다. 종종 강백호였다. 가끔 서태웅이었다. 심지어 때로는 양호열이었다. 우리 모두 솔직해지자. 우리는 우리와 닮은 캐릭터를 우상화하지는 않는다. 우리는 우리가 그 순간 되고 싶은 캐릭터에 빠져드는 경향이 있고, 그런 캐릭터는 우리 자신과 전혀 닮은 데가 없다. 상상 속의 우리는 정치적으로 공정할 수가 없다. 지하철 같은 공공장소에서 악인을 목격하는 순간, 머릿속으로 그를 시원하게 두들겨 패는 상상을 하는 당신은 이게 무슨 소리인지 이해할 것이다.

그래서 우리는 무엇이 되었나. 소설가 김애란의 위대한 표현처럼 우리는 자라 겨우 우리가 됐다. 자라면서 우리는 우상을 잃었다. 모든 우상은 우리와 함께 자라 겨우 그런 존재가 됐다. 우리는 자라면서 많은 만화적 우상을 떠나보냈다. 그 시절 열광하던 수많은 만화 캐릭터들은 십수 년에 걸쳐 지루하게 서서히 성장하다가 재미없게 사라지곤 했다. 혹은 애니메이션 〈신세기 에반게리온〉의 캐릭터들처럼 갑자기 전혀 다른 종류의 인간으로 진화한 뒤 "니들이 열광하던 에바는 끝났어. 이젠 현실을 직시해"라며 완벽한 작별 인사를 해버렸다.

유일하게 남은 것이 『슬램덩크』다. 이노우에 다케히코는 갑자기 『슬램덩크』를 닫아버렸다. 속편을 향한 모두의 희망은 결코 이루어지지 않았다. "나는 천재니까"라는 대사와 함께 모든 것은 끝났다. 강백호도 서태웅도 송태섭도 더는 성장하지 않았다. 어른이 될 길목에서 그들의 청춘은 멈췄다. 바로 그 덕분에 그들은 여전히 늙은이들의 우상으로 남을 수 있었을 것이다. 〈더 퍼스트 슬램덩크〉에 열광한 삼촌과 이모들은 캐릭터들의 새로운 성장을 보고 싶어한 게 아니다. 그 시절 그대로 머물러 있는 청춘 속으로 다시 뛰어들고 싶었던 것이다.

〈더 퍼스트 슬램덩크〉가 『슬램덩크』의 속편이 아닌 것이 정말이지 기쁘다. 그들은 그 시절에 머물러야 한다. 그들은 성장해서는 안 된다. 그들이 성장하는 순간, 우리 마음속에 여전히 존재하고 있는 물불 가릴 줄 모르는 멍청하고 대범한 청춘도 사라지고 말 것이다. 살아보니 우리는 천재가 아니었다. 강백호도 어쩌면 천재가 아니었을지 모른다. 혹은, 결국 부상에서 극복하지 못한 채 동네에서 운동화 대리점을 경영하는 검은 머리의 덩치 크고 성격 좋은 아재가 되었을지도 모른다. 맙소사, 우리에게 그따위 미래는 필요 없다. 우리의 미래는 이따위가 됐지만 강백호와 송태섭의 미래는 그따위가 되어서는 곤란하다. 그러니 〈더 라스트 슬램덩크〉는 절대 만들어져서는 안 된다. 누군가 이노우에 다케히코에게 나의 간절한 메시지를 꼭 전달해주시기를 부탁드린다.

향
보이지 않는 것의 아름다움

 코는 정말이지 이상한 기관이다. 어떤 장소에 들어서면 우리의 감각 중 가장 예민하게 반응하는 건 언제나 후각이다. 가장 오랫동안 기억되는 것 역시 냄새다. 20년 전 소개팅으로 만나 잠시 사귀었던 애인의 얼굴을 한번 떠올려보시라. 그의 얼굴은 종종 추억으로 보정이 된 채 우리의 기억에 남는다. 그럴 땐 싸이월드에 아직도 남아 있는 그의 얼굴을 다시 확인해볼 필요가 있다. 근사하게 보정되어 빛나는 당신 기억 속의 얼굴과는 조금 다를 것이 분명하다. 냄새는 그렇지 않다. 나는 20년 전 사귀었던 사람의 냄새를 명확하게 기억하고 있다. 캘빈클라인의 향수 CK ONE 냄새다. 향수가 그렇게까지 대중화된 시대는 아니었던 터라 모두가 유행하는 브랜드의 향수를 뿌리고 다녔다. 니치 향

수* 같은 건 생각도 할 수 없던 시대다.

*

　내가 처음으로 내 돈을 주고 구입한 향수는 캘빈클라인의 옵세션이었다. 고등학교 3학년이었다. 나는 유서 깊은 수포자로서 수능 성적을 잘 받는 데 딱히 관심이 없었다. 사실 대학에 들어가야 한다는 욕망도 지나칠 정도로 희박했다. 그래서 나는 캘빈클라인이나 게스나 마리떼프랑소아저버 청바지를 몰래 가방에 넣고 학교에 간 뒤 수업이 끝나면 바지를 갈아입고 보충수업을 땡땡이친 뒤 친구들과 영화를 보러 다녔다. 당시에는 그 세 브랜드의 청바지라면 결코 실패할 일은 없었다. 잠시 딴 이야기를 하자면, 얼마 전 홍대에 갔다가 마리떼프랑소아저버 티셔츠를 입고 다니는 젠지세대 소년들을 목격했다. 나는 잠시 타임슬립을 통해 1990년대로 복귀한 것은 아닌가 볼을 꼬집고 싶어졌다. 세상의 많은 것들은 결국 20~30년을 주기로 돌아오게 마련이라는 사실을 새삼 깨달았다. 트렌드에 뒤처진 옷도 버

---

* 소수의 취향을 만족시키는 프리미엄 향수.

려서는 안 된다는 교훈이다. 어쨌든 1990년대의 아이들은 청바지에 목숨을 걸었다. 영화관람료가 4천 원이던 시절에 어떻게든 용돈을 모아 20만 원짜리 청바지를 사 입는 사치를 부렸다. 잠뱅이와 행텐 청바지를 입은 아이들과는 뭔가 다르다는 걸 증명해야만 했다.

어느 날, 항상 같이 수업을 땡땡이치는 친구들과 함께 부산의 좀 노는 애들이 모여드는 광안리로 갔다. 거기서 우리는 비슷하게 멋을 부린 친구들과 금세 친해졌다. 그중 한 친구가 유독 눈에 띄었다. 아니 코에 띄었다. 냄새가 달랐다. 내 몸에서 나는 냄새와는 달랐다. 농밀하면서도 뭔가 관능적인 냄새가 났다. 10대 남자들의 냄새는 무시무시하다. 땀구멍을 통해 배출되는 끓어오르는 호르몬의 냄새는 정말이지 대단하다. 그래서 오늘도 사춘기 남자아이를 키우는 어머님들은 아들 방에 들어가기 전, 코를 막고 페브리즈로 무장하는 것이다.

그 친구는 말했다.
"누나 향수 뿌리고 나온 거야. 캘빈클라인 옵세션."
유레카. 비밀은 밝혀졌다. 그 당시의 나는 단 한 번도 향수라는 걸 사본 적이 없었다. 향수라고는 엄마의 화장대에 올려져 있는, 끈적한 노란 액체가 담긴 사각형의 병밖에 몰랐다. 나는 그걸 '엄마 냄새'라고 불렀다. 매릴린 먼로의 잠옷이었던 향수 샤넬 넘버5를 만든 코코 샤넬이 듣는다면 기겁할 소리지만, 어쨌든 1990년대의 10대 소년에게 향수는 엄마의 영역에만 존재하는 물건이었다. 하지만 그날 이후, 더는 아니었다. 캘빈클라인 청바지를 입는 나에게 캘빈클라인의 향수라는 건 반드시 획득해야 하는 신문물이었다. 나는 차곡차곡 용돈을 모은 뒤 옵세션을 샀다. 그게 여자 향수인지 남자 향수인지는 중요하지 않았다. 중요한 건 열여덟 살의 내가 보이지 않는 것의 아름다움을 마침내 깨달았다는 사실이었다.

대학에 들어가자마자 CK ONE이 나왔다. 1994년이었다. 젠더리스라는 단어가 등장하기도 전에 젠더리스를 표방한 그 향수는 그야말로 1990년대의 향기였다. 어딜 가도 CK ONE 냄새가 났다. 나는 뭔가 좀 다른 향을 원했다. 누구도 뿌리지 않는 나만의 향기를 찾고 싶었다. 하지만 선택지가 별로 없었다. 1990년대는 한국에서 패션이라는 것이 마침내 진지하게 이야기해도 좋은 문화적 현상으로 받아들

여기기 시작한 시기였다. 모든 것이 그제야 출발점에 섰다는 의미이기도 하다. 백화점에 가도 향수를 전문적으로 다루는 코너는 너무 협소하거나 아예 없었다. 그래서 옷 좀 입는 남자 대학생들에게서는 CK ONE 아니면 랄프로렌의 폴로스포츠 향이 났다. 여자는 꽃향기가 났고 남자는 독한 시트러스 냄새가 났다. 후각이 발달한 사람에게는 조금 지루한 시대였다고 말해도 좋을 것이다.

내가 본격적으로 향의 세계로 빠져든 건 2003년 영국에 잠시 살았을 때였다. 고풍스러운 런던 백화점은 입구에서부터 근사한 향이 났다. 한국에서는 본 적도 없는 향수들이 진열돼 있는 매장은 향기의 놀이터라고 부를 법했다. 거기서 나는 엄청난 신문물을 발견했다. 향초였다. 놀랄 정도로 진한 장미향이 나는 향초에 코를 박자 눈앞에 베르사유의 장미 정원이 펼쳐졌다. 아니다. 솔직히 그런 일은 벌어지지 않았다. 나는 그 순간이 내 인생에 얼마나 큰 전환점이 되었는지를 만화 『신의 물방울』의 방식으로 묘사하고 있는 것이다. 만화적 과장법은 어느 정도 이해해주시길 부탁드린다. 내가 맡은 향초는 딥티크의 베이향이었다. 나는 그 향초의 디자인을 드라마 〈섹스 앤 더 시티〉에서 본 기억이 있었다. 그 시리즈의 주인공 캐리 브래드쇼는 겨우 일간지 하나에 섹스 칼럼 하나를 쓰는 주제에 구두 하나를 사기 위해 지미추와 마놀로블라닉에 수천 달러를 바치는, 정말이지 말도 안 되는 환상의 존재였다. 칼럼 하나를 팔아서 한 달을 살 수 있다면 나도 진즉 뉴욕에 가서 섹스 칼럼니스트가 되었을 것이다. 여하튼 중요한 건 내가 향초라는 존재를 처음으로 발견했다는 사실이다. 향수를 내 몸이 아니라 집에도 뿌릴 수 있다니 정말이지 혁명적인 사고의 전환이었다. 왜 그 생각을 못 했던 걸까. 내 집에서는 언제나 담배 냄새 아니면 젖은 빨래 냄새가 났다. 혼자 사는 남자가 뿜을 수 있는 향기는 그 정도뿐이었다. 나는 당시로서는 꽤 부담스러운 가격을 주고 딥티크 향초를 구입했다. 집에 와서 향초에 불을 붙이자마자 한 시간도 채 지나지 않아 하우스메이트가 방으로 쳐들어왔다.

"향수라도 쏟았어?"

그게 첫마디였다.

*

지금 내 집에는 다양한 종류의 향초와 디퓨저와 룸스

프레이가 있다. 여전히 나는 딥티크의 제품들을 사랑한다. 딥티크의 많은 향초와 디퓨저를 사봤지만 결국 돌아가게 되는 것은 언제나 약간 독한 장미향의 베이다. 딥티크의 가장 멋진 제품은 모래시계처럼 뒤집으면 향수가 가운데의 옴폭 파인 부분을 통과하며 향을 은은하게 발산하는 디퓨저다. 이건 더는 딥티크에서 생산하지 않기 때문에 깨뜨리지 않으려 언제나 주의를 기울이며 향수를 교체해준다. 이솝의 룸스프레이는 중년 남자의 담배와 땀으로 절어 있는 침실에 누군가를 초대할 때 반드시 있어야 하는 필수품이다(나의 팁을 공유하자면 룸스프레이와 샤넬 넘버5를 살짝 섞어서 뿌리는 것이다. 샤넬 넘버5는 몸보다 방에 더 잘 어울린다). 요즘은 한국 브랜드인 바트밋의 디퓨저도 종종 구입한다. 고양이는 보기와는 달리 간이 약한 동물이라 몇몇 종류의 천연 에센셜 오일을 잘 해독하지 못한다. 바트밋은 고양이에게 안전한 에센셜 오일만을 이용해서 디퓨저를 만든다. 만약 당신이 고양이를 키우는 사람이라면 향초와 디퓨저를 구입하기 전에 꼭 인터넷으로 '고양이에게 해로운 에센셜 오일'을 검색하길 당부드린다. 어쨌든 안전한 게 제일이다.

얼마 전 나는 이솝 매장에 갔다가 제법 거대한 향초를

하나 샀다. 패션 디자이너 릭 오웬스와 협업으로 내놓은 제품이었다. 릭 오웬스라니, 나는 릭 오웬스를 그리 좋아하지는 않는다. 그는 거의 조각에 가까울 정도로 아름다운 옷을 만들지만 내가 소화하기에는 지나치게 어둡다. 하지만 나는 협업에 약한 사람이다. 무엇보다도 한정판에 약한 사람이다. 이솝 매장 직원은 '향초치고는 조금 비싸지 않나'라고 생각하는 나의 마음을 읽기라도 한 듯 말했다.

"한정판이라 참 예쁘게 나왔죠. 향도 릭 오웬스라는 이름치고는 아주 은은하고요."

나는 1993년 어느 날 캘빈클라인의 옵세션을 구입하던 그 마음으로 카드를 빼들고 말했다.

"제일 큰 걸로 주세요."

나는 이 거대하고 아름다운 향초가 휘발하는 것이 너무 아까운 나머지 좀처럼 불을 붙이질 못하고 있다. 집에 불을 붙이지 않은 향초가 가득한 당신이라면 이 마음을 충분히 이해할 것이다.

SF문학
복지부동의 공무원이 되지 못한 이유

　나는 울었다. 몰래 울었다. 벅차오르는 가슴을 부여잡고 행정학원론 책 뒤에 숨어서 울었다. 꺼이꺼이 울 수는 없었다. 행정학원론 수업시간이었다. 교수는 우리가 어떻게 하면 고위공무원이 되어 이런저런 중요한 행정적 결정을 내려야 하는가에 대해 이야기하고 있었다. 그렇다. 나는 행정학과 출신이다. 행정학과는 5급 공무원 시험, 그러니까 행정고시에 붙겠다는 욕망으로 가득한 친구들이 주로 지망한다. 가만히 고개를 숙이고 남들 하는 정도로 하면 정년까지 보장되는, 꽤 연봉이 좋은 자리를 차지하기 위해 행정학과에 들어간다. 교수는 대뜸 칠판에 '복지부동'이라는 단어부터 썼다. '땅에 엎드려 움직이지 않는다'는 의미의 이 사자성어는 공무원 집단의 무사안일을 비판하는 데 자주 쓰인다. 교수는 말했다.

"복지부동만 하지 않으면 된다."

고시에 붙은 친구들이 이걸 아직도 기억하고 있을지는 잘 모르겠다.

여하튼 나는 행정학원론 강의중에 복지부동한 채 소설을 읽고 있었다. 아서 C. 클라크의 『라마와의 랑데부』였다. 이 전설적인 소설은 22세기를 무대로 한다. 길이가 50킬로미터가 넘는 원통형 외계 구조물이 태양계에 진입하고, 사람들은 이를 '라마'라고 부른다. 이야기는 의외로 간단하다. 선발된 승무원들이 라마 내부에 들어가 구조를 조사하는 과정을 그려낸다. 소설의 마지막까지 인간이 밝혀내는 것은 없다. 인간의 물리학으로는 동력조차 설명할 수 없다. 결국 라마는 태양으로부터 에너지를 충분히 공급받자 태양계를 떠나버린다. 라마는 도대체 무엇일까. 나는 마지막 장을 덮자마자 벅차올랐다. 인간이 인간 외의 존재와 랑데부를 하는 순간, 인간이 느낄 어마어마한 경이로움이 활자로 새겨져 있었다. 책장을 덮는 순간까지도 나는 라마에 있었다. 책장을 덮고 나서도 라마에 있었다. 인간의 미래가 여기에 있는데 행정학원론 따위가 뭔 소용이람.

그래서 내가 F를 받은 건 아니다. 행정학원론 시험은 전반적으로 행정학을 어떻게 바라보고 있는지, 그러니까 개별 학생의 행정에 대한 철학을 물었다. 나는 구체적인 강의 내용은 거의 기억하지 못하면서도 온갖 영화나 문학 속 주인공의 이야기를 끌어와서 단편소설에 가까운 소리를 시험지에 늘어놓고 나왔다. 그리고 (열심히 공부한 친구들에게는 미안하지만) A를 받았다. 사실 나는 이때 눈치챘던 걸지도 모르겠다. 어쩌면 나는 허황된 글로 밥벌이를 할 수 있을지도 모른다는 사실을 말이다.

*

나는 허황된 글을 좋아했다. 어린 시절부터 그랬다. 내가 다니던 마산의 초등학교는 일제강점기에 만들어진 학교였다. 그래서인지는 모르겠다만 1980년대 초반에 다닌 학교라고 하기엔 설비가 지나칠 정도로 좋았다. 교내에 꽤 큰 동물들이 있는 동물원도 있었다. 그중 가장 좋은 건 도서관이었다. 당시 초등학교치고는 넓고 책도 많았다. 나는 점심시간마다 도서관에서 책을 빌렸다. 거기서 나는 「아이디어회관 SF 전집」을 발견했다. 「아이디어회관 SF 전집」은 1970년대 발간된 '한국 최초의 소년소녀를 위한 SF 시리즈'다. 모두 60권으로 구성된 이 전집은 19세기 말 SF소설을 개척한 쥘 베른, 아서 코난 도일과 H.G. 웰스의 고전으로부터 20세기 초 출판 장르로서의 SF를 확립한 휴고 건즈백, 밴 보그트, E.E. 스미스와 에드거 버로스의 소설들, 1950년대 이후 SF 황금기를 건설한 아이작 아시모프, 로버트 하인라인, 아서 C. 클라크의 대표작들이 모두 포함된, 정말이지 놀라운 물건이다. 지금의 나는 그 책들이 1950년대 이후부터 SF소설을 본격적으로 자국 시장에 번역·소개하기 시작한 일본판의 중역이라는 사실을 알고 있다. 그때는 그런 사실을 몰랐다. 1980년대는 그런 시대였다. 우리가 읽은 많은 잡지의 기사와 장르문학 번역본들이 불법 일본판 중역본이었다. 나는 그렇게라도 SF의 불모지였던 한국의 아이들에게 SF고전들을 소개한 출판사에 무한한 우주의 규모만큼 거대한 존경을 보내고 싶을 따름이다.

「아이디어회관 SF 전집」을 발견한 이후로 내 인생은 바뀌었다. 과장법 아니냐고? 60권짜리 SF 중역본 전집이 한 사람의 인생을 바꾸는 게 가능하냐고? 가능하다. 어떤 소녀의 인생은 메리 셸리, 버지니아 울프, 에밀리 브론테를 발견하고 바뀌었을 것이다. 어떤 소년의 인생은 투르게네프, 톨스토이, 도스토옙스키를 읽고 바뀌었을 수도 있다. 그 소년은 아마도 러시아어학과를 선택한 뒤 모스크바 유학을 거쳐 지금은 푸틴의 러시아 정책을 연구하는 머리가 벗겨진 노인이 되었을지도 모른다. 그렇다면 나의 인생은? 뭐, 이 문단에 따르자면 나는 NASA의 연구원을 거쳐 일론 머스크 밑에서 화성 탐사를 연구하는 스페이스X의 직원이 되었어야 마땅하지만, 전형적인 문과인 나에게 그런 일은 일어나지 않았다. 그래서 나는 행정학원론 수업시간에 몰래 아서 C. 클라크의 『라마와의 랑데부』를 읽으며 눈물을 훔치는 아주 비협조적인 대학생을 거쳐 지금 이 책을 쓰는 작가가 됐다. 하지만 이 또한 문학의 힘이 한 인간의 직업적 미래에 미미하게나마 어떤 효과를 발휘했다는 점에서는 충분히 인생의 전환이라는 명제에 귀속될 수 있으리라 믿는다. 행정학원론 시간에 아서 C. 클라크의 걸작을 읽지 않고 교수의 말에 귀를 기울였다면 나는 지금쯤 복지부동의 공무원으로서 훌륭한 이 사회의 일원이 되었을 테니까 말이다.

내가 대학을 다니던 1990년대 중반은 SF문학 애호가들에게는 꽤 즐거운 시절이었다. 한국의 1990년대는 문화에 있어서 폭발적 해방기였다. SF문학도 마찬가지였다. 나경문화, 고려원, 현대정보문화사, 시공사 등의 출판사가 줄줄이 SF문학의 걸작들을 번역해서 소개하기 시작했다. 나는 미친듯이 모든 번역본을 사 모았다. 소위 빅3라고 불리는 세 명의 SF작가들의 작품인 아서 C. 클라크의 『유년기의 끝』, 아이작 아시모프의 「파운데이션 시리즈」, 로버트 하인라인의 『달은 무자비한 밤의 여왕』은 정말이지 믿을 수 없을 정도의 찬란한 문학적 기적이었다. 물론 내가 이런 이야기를 하면 SF문학에 딱히 관심이 없는 당신은 '지금 외계인이 지구를 침공하는 등 수천 년 뒤 미래의 우주 문명에 대한 난삽한 예언에 무려 문학적 기적이라는 소리를 하고 있는 것이냐'며 살짝 짜증을 낼지도 모르겠다. 사실 이 글을 읽는 SF문학 애호가들은 이미 이런 소리를 인생 전반에 걸쳐 들어왔을 것이다. 그리고 그런 소리를 들을 때마다 어떤 표정을 지어야 할지 난감했을 것이다. 그러다 애니메이션 〈신세기 에반게리온〉을 통해 가장 정확한 방법을 찾았을 것이다.

"그럴 땐 웃으면 된다고 생각해."

*

나는 어느 시점부터 SF문학을 읽지 않는 사람들에게 SF문학의 위대함을 설법하는 일을 멈추었다. 그들을 설득하려는 일도 멈추었다. 순문학을 지나치게 맹목적으로 사랑하는 사람들은 장르문학 자체를 내심 멸시하는 경향이 있는데다가, 장르문학 중에서도 SF문학은 (그들 생각에는) 문학적 카스트제도에서 찬달라, 그러니까 불가촉천민에 해당한다. 물론 그들의 심정도 어느 정도는 이해한다. 모든 SF 애호가들이 신전의 가장 높은 곳에 모시고 있는 아서 C. 클라크의 『유년기의 끝』을 한번 생각해보시라. 갑자기 전 세계 모든 도시에 거대한 외계인의 우주선이 나타나고, 그들에 의해 인간이 새로운 진화의 단계로 진입한다는 이야기를 순문학 애호가들이 진지하게 받아들일 수 있을 리가 없다. 하지만 내 생각에 미셸 우엘벡의 걸작 『소립자』는 『유년기의 끝』과 똑같은 이야기를 하고 있는 소설이다. 좀 과장해서 말하자면 『소립자』는 『유년기의 끝』에서 외계인의 존재를 멍청한 백인 남성의 섹스로 대체한 책일 뿐이다. 아이작 아시모프의 「파운데이션 시리즈」는 또 어떤가. 아시모프가 에드워드 기번의 『로마제국 쇠망사』에 감명받아 집필한 이 시리즈는 한 문명의 역사적 '사고실험'이라는 점에서 모든 교과서에 실릴 가치가 있다. 경제학자 우석훈은 『88만원 세대』 중 한국 미래를 예측하는 챕터에서 만약 「파운데이션 시리즈」를 읽었다면 책의 뒷부분을 읽지 않아도 된다고 썼다. 나도 동의한다.

그럼에도 나는 이 글을 통해 SF문학을 당신에게 강요할 생각은 전혀 없다. 솔직히 어떤 면에서 나는 SF문학이 마니아의 경계선 안에 머무르는 편이 더 낫다고도 생각한다. 그래야 나는 '이 재미를 모르는 슬픈 사람들'이라며 여러분을 계속해서 불쌍해할 수 있을 것이다. 여러분은 내가 여러분을 불쌍해한다는 사실을 전혀 눈치채지 못할 테지만, 오덕의 기쁨은 원래 마음속 깊은 곳에만 머물러야 아름다운 법이다.

추천 SF문학 10권

너 내 동료가 되어라

다시 한번 말하지만 강요할 생각은 없다. 하지만 혹시나 SF문학 앞에 서성이고 있는 독자들을 위해 권하고 싶은 책들을 모았다. 이름하여 뼛속 깊이 문과인 당신을 위한 SF문학 10권이다. 과학적 사실이나 법칙에 무게를 둔 하드 SF보다는 사회과학적 상상력에 보다 무게를 둔 소프트 SF를 중심으로 채운 리스트다. 40년을 SF 광인으로 살아온 너무나도 문과적인 인간이 마지막으로 하고 싶은 말은 이것이다.

"너 내 동료가 되어라."

『빼앗긴 자들』

어슐러 K. 르 귄 장편소설
(원제: The Dispossessed | 이수현 옮김 | 황금가지)

다른 방식으로 진화한 두 행성의 차이를 통해 제도, 종교, 페미니즘 등 인류 역사의 모든 체제를 품어내는 놀라운 사고실험을 담은 작품이다.

『화성 연대기』

레이 브래드버리 소설
(원제: The Martian Chronicles | 조호근 옮김 | 현대문학)

SF와 판타지의 사이에서 거의 시에 가까울 정도로 아름다운 문장을 직조하는 거장의 단편집. 단언컨대 아마도 SF 역사상 가장 아름다운 작품들이라 할 수 있다.

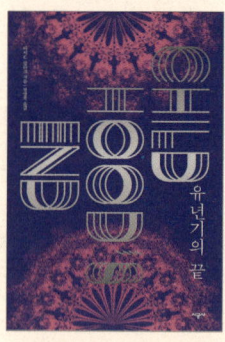

『유년기의 끝』

아서 C. 클라크 장편소설
(원제: Childhood's End | 정영목 옮김 | 시공사)

외계인과 인류 문명의 접촉이라는 가장 고전적인 SF문학의 서브 장르를 시작하는 동시에 완성시킨 걸작이다.

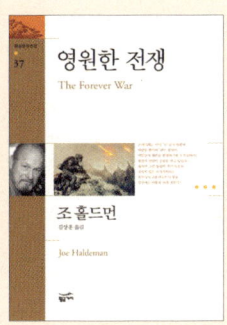

『영원한 전쟁』

조 홀드먼 장편소설
(원제: The Forever War | 김상훈 옮김 | 황금가지)

베트남전을 비롯한 1960년대 이후 모든 현대적 전쟁의 참혹한 아이러니를 품은 작품. '전쟁 SF문학'은 물론 모든 전쟁문학의 절정을 보여준다.

『여름으로 가는 문』

로버트 A. 하인라인 장편소설
(원제: The Door into Summer | 김창규 옮김 | 아작)

SF 거장 빅3 중 가장 재미있는 문장을 썼던 로버트 A. 하인라인의 최고 걸작이자 인기작. 영화 〈백 투 더 퓨처〉에 가장 큰 영향을 미친 즐거운 시간 여행물이다. 입문작으로 추천한다.

『이상한 존』

올라프 스테이플던 장편소설
(원제: Odd John | 김창규 옮김 | 알마)

영화 〈X맨〉을 비롯한 모든 '탄압받는 초능력자'물의 문학적 기원이 되는 소설. 1934년에 처음 출간된 책이지만 메시지는 전혀 낡지 않았다.

『파괴된 사나이』

앨프리드 베스터 장편소설
(원제: The Demolished Man | 김선형 옮김 | 시공사)

'불꽃놀이'라고 불리는 현란한 문체로 미친듯이 달려가는 SF 범죄물의 찬란한 고전이다.

『유빅』

필립 K. 딕 장편소설
(원제: Ubik | 김상훈 옮김 | 폴라북스)

할리우드에 가장 큰 영향을 미친 작가 필립 K. 딕의 최고 걸작. 비범한 상상력과 절묘한 풍자와 종교적인 주제가 화산처럼 폭발한다.

『쿼런틴』

그렉 이건 장편소설
(원제: Quarantine | 김상훈 옮김 | 허블)

양자역학을 소재로 한 필립 K. 딕 스타일의 첩보 SF 소설을 쓰는 것이 가능한 일이라고는 누구도 예상치 못했을 것이다. 이 걸작은 조금 어려우니 여기서 추천한 다른 아홉 작품을 모두 읽고 나서 도전하시라.

『바벨-17』

새뮤얼 딜레이니 장편소설
(원제: Babel-17 | 김상훈 옮김 | 폴라북스)

영화 〈스타워즈〉 같은 스페이스 오페라 장르와 언어학, 기호학적 사고실험의 융합이 돋보인다. 맞다. 그런 게 가능하다.

우울과 취향
환자복의 바짓단을 걷는 일

 1년간 옷을 한 벌도 사지 않았다. 혹여나 나를 인스타그램으로 팔로우하는 독자가 있다면 '세상에 어디 이런 거짓말이 다 있냐'고 생각할 것이다. 나의 피드는 언제나 새로 구입한 물건의 사진으로 가득하다. 특히 나는 옷을 좋아한다. 어찌나 옷을 좋아하는지 옷방 세 곳의 옷장이 모두 가득차 있다. 옷에 대한 집착이 어디서 왔는지를 과학적, 의학적, 사회학적으로 해석해보려는 나의 시도는 항상 실패했다. 내가 보기엔 그런 집착도 타고나는 것이다.

 그런데 옷을 한 벌도 사지 않았다. 어째서 이런 일이 벌어졌냐고? 나에게는 아주 의학적이고 과학적인 대답이 있다. 우울증이다. 몇 년 전 나는 우울증에 걸렸다. 어느 시점부터였는지는 모르겠다. 그저 사람은 스스로 우울증에 걸렸다는 사실을 자각하는 순간이 있다. 평소에는 그냥 지나치던 정신의학과 간판이 또렷하게 눈에 들어오기 시작하는 순간이다. 우울증의 증세는 우울감이 아니다. 한없는 절망감과 끝없는 무기력이다. 보통의 우울감이라면 그냥 아델 노래 몇 곡을 들으면 괜찮아지기도 한다. 우울증은 아니다. 정신적인 문제인 동시에 육체적인 문제다. 아니, 우리의 정신도 사실은 육체에 단단히 속박되어 있는 화학작용의 결과에 가까우니 그냥 육체적인 문제라고 일컬어도 괜찮을 것이다. 나는 우울증에 걸렸다는 사실을 자각한 순간 인간은 생체기계라는 사실을 깨달았다. 무언가가 내 두뇌 속 세로토닌의 수치를 떨어뜨리고 있는 게 틀림없었다. 그렇지 않고서야 어제 가졌던 삶의 기본적 즐거움이 오늘 갑자기 통째로 증발해버릴 수는 없는 일이다.

우울증에 걸리자 아무것도 할 수 없었다. 일도 할 수 없었다. 밥도 먹을 수 없었다. 몸도 씻을 수 없었다. 타고난 몸을 어떻게든 예뻐 보이게 만들고 싶은 욕망도 사라졌다. 잠시 일을 쉬고 집중적인 치료를 받아야 한다는 사실을 깨달은 건 우울증약을 먹기 시작한 지 1년이 지난 어느 날이었다. 출근을 하던 길에 내가 보였다. 회사 건물 쇼윈도에 비친 내가 보였다. 머리카락은 헤어숍에 오랫동안 가지 않아 엉망으로 자랐다. 더 큰 문제는 옷이었다. 나흘째 같은 옷이었다. 나흘째 양말과 속옷을 빼고는 같은 옷만 입고 있었다. 평소의 나라면 그건 용납할 수 없는 범죄행위였다. 분명 평소의 내가 아니었다. 게다가 나는 1년간 단 한 벌의 옷도 사지 않았다는 사실을 깨달았다. 비명을 지르고 싶었지만 그럴 힘도 없었다. 나는 사흘간 한끼도 먹지 않은 상태였다. 그날 나는 사무실에 들어가자마자 사표를 썼다.

*

나의 2년에 걸친 우울증 극복기를 여기에 요약해서 쓰는 것은 불가능한 일이다. 나는 사람들이 우울증을 탈출하기 위해 시도했던 모든 방법을 써봤다. 수백만 건의 조언을 읽고 보고 들으며 우울증과 싸웠다. 그 지지부진하고 치열한 전투 중 내가 들었던 최악의 조언은 "네가 운동을 안 해서 그래. 햇빛 좀 받으면서 운동을 해봐"였다. 이 친절하고 예의바른 말이 우울증 환자에게는 얼마나 짜증나고 경우 없게 들리는지 우울증을 겪어보지 않은 사람은 알 리가 없다.

2년에 걸친 우울증의 절정과 결말은 병원에서 찾아왔다. 완만하게 타고 넘던 파고가 지나치게 강해졌다. 반복되던 우울증은 중증우울증으로 발전했다. 아무것도 할 수가 없었다. 식사를 주문해서 먹는 일까지 지나치게 어려운 미션처럼 느껴졌다. 나는 스스로 정신병동에 입원했다. 제 발로 걸어들어갔다. 사실 내 주변 사람들은 종종 "굳이 병원에 입원했다는 말까지 해야 해?"라고 조언하곤 한다. 정신병동에 입원한 적이 있다는 사실을 밝히는 순간, 한국 사회에서 쏟아지는 냉랭한 편견을 잘 알고 있다. 그 말을 하는 순간 사람들 얼굴에서 떠오르는 '내 앞에 있는 이자는 도대체 얼마나 미친 자인가?'라는 표정도 잘 알고 있다. 하지만 정신병동에 입원하는 사람들은 용감한 사람들이다. 그건 결코 죽지 않겠다는 선언인 동시에 도와달라는 신호다. 만약 친구가 우울증을 고백한다면 당신은 정말 운이 좋은 사람이다. 당신을 누구보다도 진심으로 믿는 친구가 있다는 의미니까 말이다.

 병원생활이 한 달 정도 흐른 어느 날 아침, 나는 환자복 바짓단을 걷었다. 바짓단을 살짝 걷는 게 어쩐지 더 예뻐 보였기 때문이었다. 뭔가 이상했다. 환자복은 환자복이었다. 입원 초창기에 나는 그 못생긴 옷을 일주일에 한 번 겨우 갈아입었다. 몸에 뭐가 감겨 있든 상관없었다. 그냥 몸을 가리기만 하면 됐다. 그런 내가 바짓단을 걷고 있었다. 누군가 옷을 입은 채로 실례를 하면 재빨리 벗겨서 세탁할 수 있기 위한 목적으로만 디자인된 병원복을 어떻게든 스타일리시하게 입으려고 애쓰는 순간, 갑자기 세로토닌이 다시 두뇌 속으로 쏟아져들어오는 기분이 들었다. 나는 괜찮았다. 괜찮아졌다. 괜찮아지고 있었다. 일주일 뒤 나는 퇴원 수속을 밟았다. 의사가 물었다.

"기분이 어때요?"

나는 답했다.

"좀 이상합니다. 이렇게 갑자기 다른 사람이 된 것 같을 수가 있나요?"

의사는 웃었다. 백만 번도 더 들은 대답이라는 표정이었다.

*

퇴원을 하자마자 내가 어디로 갔는지 고백한다면 열에

아홉은 거짓말이라고 할 것이다. 이 글을 쓰기 위해서 지나치게 기억을 꾸미는 것 아니냐고 비웃을지도 모른다. 하지만 이건 사실이다. 나는 반포에 위치한 병원에서 나오자마자 퇴원 수속을 도우러온 동생과 함께 택시를 탔다. 그리고 기사에게 말했다.

"갤러리아요. 갤러리아백화점으로 가주세요."

만약 당신이 아직도 이 글의 진위를 믿지 못한다면 나의 인스타그램을 방문해보시라. 퇴원하자마자 갤러리아백화점 셀린느 매장 벽 거울 앞에서 찍은 기념비적인 사진이 여전히 존재한다.

소울푸드
고고한 평양냉면으론 채울 수 없는 남쪽의 빨간 맛

 나는 마산에서 태어났다. 마산은 고유의 대표적인 음식 몇 가지를 가진 도시다. 역시 가장 유명한 건 아구찜('아귀찜'이 표준어지만, 마산의 맛을 살리려면 아구찜이 맞다고 생각한다)이다. 마산은 아구찜의 고향과도 같은 도시다. 서울에도 '마산 아구찜'이라는 이름으로 영업하는 가게가 한두 곳이 아니다. 그런데 마산의 아구찜은 서울에서 파는 마산 아구찜과는 다르다. 내 어린 시절, 그러니까 1980년대에 먹었던 아구찜은 말린 아구(이 또한 '아귀'가 맞지만, 나의 소울푸드는 '아구'로 만든 것이다)로 만든 것이 기본이었다. 지금처럼 통통한 생아귀 살을 발라 먹을 수 있게 된 건 신선 유통이 발전한 이후다. 마산시 오동동의 아구찜 골목에 있는 오랜 가게들은 다 말린 아구로 찜을 했다. 전분을 넣지 않아

국물은 더 빨갛고 덜 걸쭉했다.

나는 쿠팡이츠로 굳이 아구찜을 시킨 다음, 이런저런 불평을 하는 버릇이 있다. 말려서 꼬들꼬들하고 감칠맛이 나는 아귀로 만든 아구찜이 무슨 아구찜인가라고 짜증을 내며 생아귀 살을 맛있게 발라 먹는다. 들어보니 요즘은 마산에서도 생아귀로 만든 아구찜이 더 인기가 있다고 한다. 아무래도 말린 아구는 특유의 감칠맛이 지나치게 진한 나머지 고릿한 맛이 난다. 젊은 세대는 그 맛을 그리 좋아하지 않는단다. 하지만 당신이 마산에 갈 일이 있다면 꼭 오동동 아구찜 골목에서 말린 아구로 만든 찜을 먹어보길 권한다. 아귀로 만든 코다리찜에 가깝다고 생각하면 좀더 잘 이해가 갈 것이다.

아구찜은 확실히 나의 소울푸드였다. 1980년대에는 외식이 그리 발전하지는 않았다. 당시 막 생기기 시작한 가든 스타일의 고깃집을 제외하면 밖에서 음식을 사 먹는다는 것이 아주 익숙하지는 않던 시절이다. 그래서 주말이면 내 가족은 아구찜을 먹으러 갔다. 벌건 국물에 밥을 비벼 마른 아구 한 점을 올리면 그렇게 맛있었다. 이후 부산으로 이사를 가자 오동동의 아구찜을 먹을 수 없게 됐다. 부산이라는 도시는 마산 사람 눈으로는 영 거칠고 투박했다. 부산으로 간 이후에도 오랫동안 마산이 그리웠다. 하지만 거기에도 지금 나의 소울을 건드리는 음식이 있었다. 바로 밀면이다. 서울 사람들이 부산에 내려가서 한 젓가락 먹은 뒤 '빨갛고 달달한 맛이 그냥 분식집 냉면이랑 비슷해서 고고한 평양냉면과 비교할 수 있는 음식은 아니군'이라고 주변 부산 사람들 귀에는 들리지 않게 불평하는 바로 그 음식 말이다.

*

"주말에는 밥을 하지 말고 사 먹기로 한다."

어느 날 아버지는 선포했다. 아버지는 외국생활을 오래한 덕에 여전히 꼿꼿하기 그지없는 경상도 남자임에도 조금 세련된 구석이 있었다. 그건 '주말에는 가사노동을 하지 말자'는 일종의 선언이었을 터이다. 주말의 모든 식사를 주문해서 먹은 건 아니었다만, 그래도 큰 압력밥솥에 매끼 밥을 하는 일은 사라졌다. 밀면은 주말의 음식이었다. 특히 토요일 점심은 거의 무조건 밀면이었다. 토요일도 학교를 가는 시절이었다. 오전 수업을 마치고 집으로 가면 어머니는 만 원짜리 지폐를 하나 쥐여주며 "요 앞 밀면집 가서 포장 좀 해온나"라고 말했다. 내가 살던 지역은 부산에서도 가장 내륙에 위치한 동래였다. 당시 동래에서는 꽤 유명하던 동래밀면이 이 집 근처에 있었다. BTS 정국과 RM이 다녀간 이후로 요즘은 아미들이 부산에 가면 꼭 찾는 맛집이 되었다고 들었다. 설마 그걸 가게 간판에 걸어놓았을까 싶었는데 구글로 사진을 찾아보니 정국과 RM의 사진이 커다랗게 걸려 있다. 하이브 직원이 이 글을 읽고 동래밀면을 초상권 위반으로 고발하지 않기만을 바랄 따름이다.

하여간 토요일 점심마다 먹던 밀면은 정말 놀라울 정도로 맛있었다. 한약재를 넣어 함께 우린 돼지고기 육수에 빨갛게 다진 양념을 넣고 슥슥 휘저은 뒤 국물을 들이켜는 순간, 캬! 이게 부산의 맛이지 싶었다. 아니면 경상도의 맛이지 싶었다. 나도 알고 있다. 평양냉면이야말로 차가운 면 요리의 진수라고 생각하는 식도락가들이라면 이미 고개를 좌우로 젓고 있을 것이다. 그래, 인정한다. 밀면은 평양냉면의 부산식 카피다. 그렇게 시작했다. 함경남도 흥남시에서 동춘면옥이라는 냉면집을 하던 주인장이 한국전쟁 시절 부산으로 피난을 내려가 차린 내호냉면이 밀면의 시작이었다. 전쟁통에 메밀을 구할 수 없자 미군이 원조한 밀가루로 면을 만들고 함흥냉면처럼 다진 양념을 올렸다. 평양냉면과 함흥냉면의 아름다운 만남이 전쟁 시절 부산에서 이루어진 셈이다. 전쟁이 끝나고 나서도 밀면은 부산 지역의 전통 음식으로 자리를 잡았다.

*

나는 서울에서 처음으로 평양냉면을 먹었던 날을 기억한다. 2004년 여름이었다. 직장 선배가 데려간 필동면옥에서 육수를 마시자마자 나는 그 자리에 모인 수많은 서울 사람들에게 말했다.

"행주 빤 물 같은데요?"

나는 아직도 그 경멸의 눈빛을 잊을 수가 없다. 남쪽 바닷가에서 올라온 상놈은 진짜 서울의 맛을 모른다는 듯한 눈빛. 물론 그 경멸의 눈빛을 되갚고자 나는 열심히 서울 사람이 되기로 했다. 사투리도 표준말로 바꾸었다. 경상도 사람이 사투리를 바꾸기란 얼마나 힘든 일인지 경상도 사람들은 잘 알 것이다. 정치과몰입자 중 몇몇은 '경상도 사람들은 경상도 권력을 누리기 위해 사투리를 고치지 않는다'고 말하기도 하는데, 무슨 소리냐. 경상도 사투리(그리고 함경도 사투리)는 한국에서 거의 유일한 성조어다. 부산러들은 성조로 말하고 성조로 알아듣는다. 우리는 한국에서 거의 유일하게 2의 2승, 2의 e승, e의 2승, e의 e승을 구별하여 발음할 줄 안다. 그냥 좀 다른 언어인 것이다. 고치기가 정말이지 힘들다. 그래서 오늘도 많은 경상도 출신 서울인들이 '워료일'을 '월료일'이라고, 전혀 다른 지점에 강세를 두고 발음하며 나는 완벽한 서울러라고 믿어 의심치 않는 것이다.

서울생활 20년 만에 나는 거의 완벽한 서울 사람이 됐다. 평양냉면 애호가가 됐다. 필동면옥과 을지면옥과 을밀대와 우래옥의 맛을 구분할 수 있는 서울 사람이 됐다. 하지만 나는 밀면 앞에서 코를 드는 서울 사람들에게 아직 굴복할 준비가 되지 않았다. 평양냉면 애호가들은 밀면은 다 비슷비슷한 맛이라며, 어차피 강렬한 다진 양념을 넣어 매운맛에 먹는 냉면 유사품이라며 코웃음을 치지만 그건 사실이 아니다. 나는 여전히 부산 유명 밀면집 밀면의 맛을 구분할 수 있다. 화끈하고 거친 가야밀면, 소담하고 차분한 개금밀면, 부드럽고 가정적인 동래밀면과 국제밀면, 한약재 맛이 강한 춘하추동의 밀면까지. 그 모든 밀면집의 맛은 다 다르고 각각의 개성이 있다. 모든 것을 서울 중심적인 사고방식으로 해석하는 한국에서 진정으로 필요한 건 로컬리티, 그러니까 지역성이다.

모든 것이 전주비빔밥은 아니다. 전주 사람들에게 물어보라. 그들은 어떤 비빔밥집이 최고의 비빔밥집인가를 두고 격렬하게 논쟁할 준비가 되어 있을 것이다. 나의 소울푸드인 아구찜과 밀면도 마찬가지다. 그러니 이 글을 읽는 당신이 부산에 놀러간다면 밀면 투어를 강하게 권하고 싶다. 시간이 더 난다면 마산에 들러 진한 아구찜도 먹어보길 바란다. 맑고 고고한 서울식 음식에서는 볼 수 없는 경상도식 붉은 다대기의 감칠맛과 그 속에 숨은 개성을 발견할지도 모르니. 권장하는 밀면투어에 혹자는 "삼시 세끼 밀가루 음식만 어떻게 먹어요?"라고 말할 수도 있다. 자, 생각해보자. 탄수화물 중독인 당신은 어차피 어제도 오늘도 배달앱을 켜서 밀가루 음식을 시켜 먹었다. 괜히 빡빡하게 굴지 말라. 연이어 "글루텐 프리 밀가루로 만드는 밀면은 없나요?"라고 묻는다면? 맙소사, 인정한다. 이 질문을 던지는 당신은 100퍼센트 서울 사람이다. 당신은 그냥 서울을 떠나지 말라. 아니, 서울도 글루텐으로부터 자유로운 도시는 아니다. 당신은 캘리포니아로 가야만 한다.

집
편리한 아파트에 양보했던 어떤 로망

친구가 집을 짓기 시작했다. 처음 그 소리를 들었을 때 나는 비명을 질렀다.

"미친 거야? 그게 얼마나 힘든 일인지 알아? 집 한번 지으면 수명이 열 살은 줄어든다더라. 괜히 쓸데없는 소리 말고 그냥 서울에 괜찮은 집 있는지나 알아봐."

사실 그 비명은 애석함에서 터져나온 것이었다. 친구는 서울 용산구에 살았다. 꽤 넓고 편안한 집을 빌려서 살고 있었다. 두 친구와 개 두 마리가 살기에는 더할 나위 없는 집이었다. 택시를 타고 가지 않으면 다리가 아파 혼절할 듯한 언덕 위 집이었지만, 나에게도 더할 나위 없는 집이었다. 주말이 되면 나는 항상 친구 집으로 갔다. 소파에 누워 개 두 마리를 껴안고 배달음식을 시켜 먹으면서 술을 한잔

하는 것이 나의 일과였다. 언제든 갈 수 있는 친구 집이 존재한다는 건 정말이지 축복이다. 중년이 되면 어딜 나가서 맛있는 식사를 하고 커피를 마시는 것보다는 내 집이 아닌 집에서 내 집처럼 노는 것이 좋아지게 마련이다.

"나 지방으로 내려갈 거야. 서울 지겨워. 지쳤어. 다 꼴 보기 싫어."

어느 날 친구가 말했다. 나는 웃었다. 흔한 농담이었기 때문이다.

"지방 같은 소리 하고 있네. 서울 지겹다고 제주도 내려간 사람들이 1년도 채 안 돼 서둘러 도망치듯이 다시 서울로 올라오는 거 못 봤니?"

맞다. 지난 10여 년간 나는 지방으로 내려갔다 나 좀 살려달라며 다시 서울로 올라온 사람들을 수도 없이 봤다. 지방 출신으로 감히 말하건대, 평생 서울에서만 살았던 당신들이 꿈꾸는 지방 같은 건 존재하지 않는다. 당신들의 상상 속 지방은 판타지일 뿐이다. 거기에도 거기 나름대로의 고충이 있다. 지방에 산다고 서울에 사는 고충이 사라지는 것이 아니다. 처음 겪어보는 지방의 고충과 맞교환을 하게 될 따름이다. 그리고 많은 서울 사람들에게 지방의 고충은 서울의 고충보다 더 징글징글하게 마련이다.

나는 말렸다. 지방으로 내려간다는 건 말도 안 되는 일이라고 뜯어말렸다. 친구가 말했다. 단호한 표정으로 말했다.

"이미 결정했어. 전라남도 고흥으로 간다."

네? 선생님? 뭐라고요? 고흥이라고요? 고흥은 여수, 순천과 가까운 전라남도의 군이다. 바다에 둘러싸여 있는 반도 지형이다. 나무위키에서 찾아보면 이런 문구가 등장한다. '억 소리가 절로 나올 정도로 상당히 광활해서 타 도시로의 이동이 매우 불편하다. 고흥군 밖에서 가장 가까운 읍내인 보성군 벌교읍까지 나가는 데만 해도 약 30킬로미터'다. 고흥군민들에게는 죄송한 말이지만, 이 문장은 서울 사람에겐 거의 오지에 가깝다는 소리다. 나로호와 누리호를 발사한 나로우주센터가 왜 고흥에 있겠는가. 사람이 드물기 때문이다. 그런 곳에 살러 가겠다고? 나는 외쳤다.

"야. 차라리 제주도로 가라, 제발. 고흥이 무슨 소리야. 그 지역은 내 머릿속에서 단 한 번도 떠올려본 적이 없다고. 교통도 불편해서 내가 거길 어떻게 자주 찾아가니."

친구가 말했다.

"너 좀 그만 오라고 도망치는 거야."

뭐, 그 말은 좀 일리가 있긴 했다. 그래도 친구가 고흥으로 내려가는 일은 절대 일어나지 않으리라 확신했다.

*

 친구는 내려가버렸다. 고흥으로 가버렸다. 개 두 마리를 끌고 남해안으로 가버렸다. 그곳에서 집을 빌려 살면서 자기 집을 짓겠다는 계획이었다. 친구는 직업적 특성상 온라인으로도 어느 정도 일 처리가 가능했다. 두어 달에 한 번씩 서울에 올라온다면, 나머지는 고흥에서도 충분히 해낼 수 있었다. 친구가 떠나고 몇 달 뒤, 나는 처음 고흥으로 갔다. 서울에서 고흥으로 가는 방법은 두 가지다. KTX를 타고 순천역 혹은 여수역으로 가는 것이다. 거기서 택시를 타야 한다. 어느 역에서 가든 택시비는 8만 원 정도가 나온다. 친구가 빌린 집은 썩 괜찮았다. 하지만 빌린 집은 어디까지나 빌린 집이다. 나는 그 집에 도착하자마자 불평을 쏟아냈다. 오백 년간 잠을 자다가 깨어난 용처럼 불을 뿜어냈다.

 "그래. 공기 좋네. 경치도 좋네. 근데 가까운 편의점도 차를 타고 가야 한다고? 이런 데다 집을 지어? 웃기시네. 그냥 이 집에서 한 1년 살다가 올라와."

 친구는 말했다.

"이미 땅을 샀어."

나는 울었다.

"건축가도 정했어."

나는 절규했다.

"바로 앞에 바닷가가 있는 땅이야."

나는 울음을 멈췄다.

"여름에는 집에서 해변으로 걸어갈 수도 있어."

나는 웃었다.

맙소사, 나에게는 여름 별장이 생긴 것이다.

얼마 전 오랜만에 고흥에 내려갔다. 한 6개월 만이었다. 그동안 나는 친구의 절규를 감내해야만 했다. 덕분에 내 스마트폰은 자주 뜨거워졌다. 러시아·우크라이나 전쟁이 발발하자 전 세계적으로 자재값이 미친듯이 폭등했다. 당연히 집을 짓는 비용도 계획보다 훨씬 더 들어가게 생겼다. 친구는 전화로 말했다.

"죽을 것 같아. 일을 두 배로 늘렸어. 일을 더 해서 돈을 더 벌어야 해. 이대로 가다간 집을 지을 수가 없어. 이게 다 빌어먹을 푸틴 때문이야."

마침내 친구는 집을 짓기 시작했다. 고흥에 도착하자마

자 친구 차를 타고 건축 현장으로 향했다. 차에서 내려 포장이 안 된 길을 잠시 걸어가자 갑자기 눈앞에 시원한 공터가 펼쳐졌다. 콘크리트로 단단하게 지어 올리고 있는 현장이 보였다. 저멀리에는 해변이 보였다. 걸어서 10분 정도 길을 따라 내려가면 금세 닿을 수 있는 해변이었다. 감탄했다. 내가 생각했던 것보다 훨씬 아름다운 광경이었다. 친구는 정말로 집을 짓고 있었다. 전라남도 고흥의 널따란 땅에 집을 지어 올리고 있었다. 우리 모두 마음속으로는 꿈꾸지만 편리한 서울의 아파트에 양보해버린 로망을 실현하고 있었다. 나는 그제야 모든 것을 납득했다. 가까운 편의점의 유무 따위는 그 아름다운 현장에 비하면 아무것도 아니었다.

*

서울에 올라온 이후에도 계속 그 현장이 떠올랐다. 난데없이 나는 생각하기 시작했다. 집을 지으면 어떨까? 안다. 이건 말도 안 되는 소리다. 나는 집을 지을 수 있는 위인이 아니다. 이미 서울 한복판에 있는 아파트의 편리함에 완벽하게 굴복한 인생이다. 비용을 생각해도 말이 안 되는 소리다. 나는 전라남도 고흥이나 경상남도 남해 같은 곳에 집을 지을 수 없을 것이다. 사람을 계속 만나야 하는 직업 탓이다. 아니, 사실 나는 시골보다는 도시를 좋아하는 사람이다. 흙보다는 시멘트 바닥을 밟고 있을 때 가장 안정감이 드는 사람이다. 벌레가 싫어서 아파트 저층도 피하는 사람이다. 집을 지으려면 서울이어야만 한다. 서울에 집을 짓는 비용은 지금 사는 아파트를 팔더라도 내가 감당할 수 있는 정도를 뛰어넘는다. 이런 소리를 서울 사는 친구에게 했더니 이렇게 답했다.

"작은 땅을 노려봐. 요즘은 20평 정도 땅을 사서 협소주택을 올리는 사람들도 많아. 그 정도라면 재정적으로는 충분히 감당할 수 있을걸?"

나는 곧 포기했다. 서울 시내에 협소주택을 지은 사람들의 후기를 보다가 결국 포기했다. 행복해 보이는 사람들은 입을 모아 같은 소리를 했다. 지금은 행복하지만 집을 짓는 내내 머리를 쥐어뜯어야만 했다며 웃었다. 그들이 지금처럼 웃을 수 있기까지 감내한 고통이 그대로 전해졌다. 나는 포기를 모르는 남자 정대만과 정확하게 반대인 남자다. 포기를 아는 남자다. 대신 나는 고흥 친구의 집을 노리고 있다. 이 친구의 집은 두 채로 나뉘어 올라가고 있다. 하나는 자신이 살 집, 다른 하나는 스튜디오 겸 게스트하우스다. 게스트하우스를 내 것으로 만들면 된다. 어떻게? 그 공간 인테리어를 내가 맡겠다고 고집을 부린 뒤 완벽하게 내 취향대로 꾸며버리는 것이다. 친구도 나에게 "인테리어 잘하는 곳 좀 알아봐줘"라고 했으니 불가능한 일은 아니다. 그렇다. 나는 지금 봉준호 감독의 영화 〈기생충〉 시나리오를 현실로 만들 계획을 세우고 있다. 이 글은 친구가 보아서는 안 되지만, 아마 이 책은 친구의 집 한편에 꽂혀 있을 것이다. 부디 그곳에서 무진장 바빠진 탓에 친구가 이 책을 끝까지 읽는 여유와 시간이 없길 바란다.

나의 동네
20년 치 촉촉한 의리에 대한 고백

"평창동입니다!"

1980년대 드라마 속 사람들은 꼭 저렇게 전화를 받았다. 당시 어린이였던 나는 생각했다. 왜 항상 평창동인 거지? 마산 사는 나는 "월포동입니다" 하고 전화를 받지는 않는데? 왜 "여보세요"가 아니라 자기가 사는 동네를 밝히는 거지? 비밀을 알게 된 건 한참 후였다. 당시 드라마에 나오는 '고오급' 2층 양옥에 사는 사람들은 서울에서도 꽤 부잣집 사람들이었다. 당시 서울에서 가장 부자가 많기로 유명한 동네는 평창동이었다. 그러니까 "평창동입니다"라는 말인즉슨 "네, 바로 그 부잣집에 전화하신 거 맞습니다"라는 자긍심의 발현인 동시에 드라마를 보는 시청자들에게 '이 집안은 유서 깊은 평창동 부잣집입니다'라는 설정을 환기

시키는 서사적 장치였던 것이다. 물론 내 해석이 맞는지 확신할 수는 없다. 혹여라도 독자분들 중 1980년대 평창동에 살아보신 분은 꼭 확인 및 정정을 부탁드린다.

서울에 살다보니 평창동에 갈 일도 종종 생겼다. 영화 기자로 일하다보니 엔터테인먼트 업계나 이런저런 사업을 하시는 분들 집에 초대를 받는 일이 있었는데, 그중 많은 분이 평창동 주민이었다. 그 동네에서 몇 대를 살아온 분들도 꽤 있었다. 평창동이라는 동네는 어딘가 좀 희한한 구석이 있다. 아주 좁은 도로 하나를 양옆에 두고 대부분의 거대한 저택들이 산기슭을 타고 올라가며 지어졌다. 마을버스가 다니는 곳도 있지만 아무리 생각해도 대중교통으로는 접근이 힘든 동네다. 바로 그게 이 동네에 부잣집이 많은 이유일 것이다. 평창동 주민 한 분의 표현을 빌자면 "역사도 없는 강남 것들"이 아파트에 바글바글 모여 사는 동안, 진짜 조용하게 지내고 싶은 부자들은 기사 딸린 자가용이 없으면 살 수 없는 평창동 산기슭에 커다란 집을 지어놓고 사는 것이다.

자료를 찾아보니 평창동은 조선 후기 세도정치를 한

명문 양반가들이 살던 곳이라고 한다. 아무래도 한양의 중심인 종로에서 그나마 조금이라도 떨어져 우아하게 살 수 있는 동네여서 그랬던 모양이다. 그럼 당시에는 그 산기슭까지 어떻게 올라갔으려나 싶은데…… 사실 그건 내가 걱정할 일이 아니다. 돈이 많으면 가마꾼들이 지고 가는 가마라도 탔을 테니 말이다. 요즘 평창동은 거대한 저택들 사이로 근사한 갤러리들이 많이 생겼다. 국립미술관이나 시립미술관이야 시민들이 쉽고 편리하게 접근할 수 있는 동네에 생기게 마련이지만 사립 갤러리들은 그렇지 않다. 고가의 그림을 살 만한 부자들이 많은 동네에 짓는 게 이치에 맞다. 다들 알다시피 그림이라는 게 얼마나 비싼가 말이다. 나도 아티스트 친구들의 그림을 몇 점 구입한 이후로 나름 컬렉터라는 이름을 얻게 됐다. 하지만 평창동 갤러리에 걸려 있는 가로 5미터짜리 그림을 "어머 이건 양평 새 별장 거실에 두면 좋겠네요"라며 구입하는 컬렉터들을 생각하면 나를 컬렉터라고 부르는 게 부끄러운 일이 아닐 수 없다.

*

평창동에 살고 싶은 마음은 없다. 거기 살 만큼 돈이

많지도 않다. 물론 평창동에도 자그마한 아파트는 있지만 이왕 그 동네에 살려면 2층 양옥은 지어 올려야 제멋 아니겠는가. 20여 년 전 취업해 서울로 상경하면서도 서울을 잘 몰랐다. 첫 회사가 공덕동에 있었으니 마포 어디쯤에 살면 되겠다 싶었다. 그때나 지금이나 나의 원칙은 회사와 가까운 동네에 사는 것이다. 게다가 그때는 문화의 중심지에 살고 싶은 로망이 있었기에 더더욱 회사 근처의 동네를 알아봤다. 결국 처음 작은 원룸을 구한 곳은 홍대였다. 지방 사람들은 서울의 어떤 동네가 좋은지 잘 모른다. 강남이 비싸다는 사실만 안다. 당시 나는 젊은이였다. 2000년대 초반 지방 젊은이의 머릿속 서울은 모두 세 덩어리로 나뉘어 있는 도시였다. 강북, 강남, 그리고 홍대다. 당시 서울 젊은이 문화의 모든 것은 홍대에서 탄생했다. 록밴드도 홍대에 있었다. 힙합 클럽도 홍대에 있었다. 예쁜 카페도 홍대에 있었다. 빈티지 옷가게도 홍대에 있었다. 홍대에 산다는 건 힙스터라는 소리였다. 나는 서울 힙스터가 되고 싶었다.

2년 만에 도망치듯 홍대를 빠져나왔다. 시끄러워서 견딜 수가 없었다. 1년 뒤에 옮긴 상수동 원룸 아래위는 아마도 밴드를 하는 친구들이 살았던 것 같다. 나는 레드 제

플린의 기타 독주를 들으며 잠이 드는 음악 팬이었지만 밤이고 낮이고 들려오는 기타 소리가 그렇게 사람의 신경을 거슬리게 만드리라고는 생각도 하지 못했다. 게다가 원룸 1층에는 바이크 가게가 있었다. 20대 초반의 거침없는 친구들이 새벽 3시에도 작고 예쁘지만 거침없이 시끄러운 바이크를 타고 주변을 맴돌았다. 그래서 나는 다시 공덕동으로 갔다. 걸어서 회사를 다닐 수 있는 위치에 집을 구했다. 이번엔 회사가 이사를 갔다. 한 번 이사를 간 회사는 또 이사를 갔다. 그 회사를 그만두고 다른 회사에 취업하자 집은 더욱 멀어졌다. 하지만 다들 알다시피 사람은 한번 정착한 동네를 잘 벗어나지 못하는 법이다. 그래서 나는 20년째 공덕동 주민으로 살고 있다.

2000년대 초반 공덕동은 어딘지 모르게 먼지가 자욱한, 만주 벌판에 위치한 거친 동네 같은 느낌이 있었다. 특히 아수라장에 가까웠던 공덕 로터리가 그랬다. 아무리 예쁘게 봐주고 싶어도 예쁜 동네는 아니었다. 지난 20년간 공덕동은 정말이지 놀라운 변화를 거쳤다. 공덕동과 아현동은 산기슭에 빼곡하게 자리잡은 빨간 벽돌 빌라들이 바글바글하던 동네였다. 그 동네들은 모조리 아파트촌으로 바뀌었다. 지극히 서민적이던 동네는 20년 만에 어딘지 모르게 강남을 닮아가려는 몸부림으로 가득한 중산층 동네가 됐다. 여의도, 광화문, 이태원, 용산과 공항으로의 접근이 좋은 동네다보니 서울의 다른 동네보다 재개발이 더 빨랐다는 이유도 있을 것이다. 20년 전 주말에는 먹을 것이 하나도 없던 동네가 쓰레빠를 끌고 10분만 걸어가면 근사한 브런치를 먹을 수 있는 동네가 된 것이다. 이 동네에 일찌감치 아파트를 산 나는 곧 주변 친구들 사이에서 '미래를 내다보는 부동산 현인' 같은 존재가 됐다. 몇 년 전 친구들은 그나마 가격이 저렴한, 아니 비교적 저렴한 은평구에 아파트를 사기 시작했다. "오빠(형)가 집을 산다고 했을 때 같이 샀어야 해"라는 말을 남기고 말이다. 더 구체적으로는 "경제분석가 선대인이 새 정권 들어서면 아파트값 폭락한다고 했을 때 그 말을 믿었던 내가 등신이지"라는 말을 남기고 말이다.

*

그래서 지금 사는 동네에 완벽하게 만족하느냐. 그럴 리가 없다. 인간은 어느 정도 경제적인 안정을 이루고 나면 더 높은 곳을 바라보는 아주 세속적인 욕망으로 굴러가는 존재다. 20대 후반에는 홍대 원룸도 좋았다. 30대 중반이 되면 교통이 편한 동네 오피스텔이 좋고, 40대가 되면 이것저것 적당히 갖추어진 동네 아파트가 좋게 마련이다. 그렇다면 다음 단계는? 얼마 전 어머니가 디스크 수술을 하러 서울에 올라왔다. 병원은 청담역 근처였다. 병원 옆에는 새로 지은 아파트들이 줄을 이어 쭉쭉 뻗어 있었다. 어머니가 절뚝절뚝 걸으며 한마디했다.

"어머나 얘. 이 동네 참 평온하고 좋다. 너도 지금 사는 아파트 팔고 여기로 오면 어때?"

나는 웃으며 말했다.

"네, 어머니. 지금 아파트를 팔면 이 아파트 제일 작은 평수의 절반 정도를 겨우 살 수 있을 것 같은데, 그러면 어머니와 제가 반반씩 내고 함께 지지고 볶으면서 사는 방법이 있겠네요."

어머니는 아무 말 없었다. 나도 어머니와 같이 살 수 있는 성격이 아니지만 그녀도 그랬다. 원래 가족은 나이가 들수록 조금 떨어져 살아야 평화가 지켜지는 법이다.

나는 아마도 평생 공덕동에 살게 될 것이다. 사실 이

작은 아파트 한 채면 부족한 것은 없다. 거짓말이다. 나는 올여름 새로 구입한 오렌지색 빈티지 천장 조명과 얼마 전 구입한 그림 하나를 도저히 둘 데가 없어서 거의 창고로 쓰는 책방에 방치중이다. 나는 유서 깊은 충동구매자로서, 집의 크기를 고려하지 않고 커다란 물건을 사는 아주 무책임한 버릇이 있다. 그래서 나는 조금 넓은 평수의 아파트 시세를 알아보기 위해 부동산 현황을 실시간으로 확인할 수 있는 앱을 하나 깔았다. 내 인생 처음으로 부동산 앱을 깔았다. 내가 다른 동네로 이사할 날이 있을까? 앱을 다운로드받는 내내 의심했다. 좋든 싫든 이 동네와의 20년 치 의리가 있다. 허허벌판이 도심이 되던 그 모든 시간을 오롯이 함께해온 이로서 가지는 촉촉한 의리였다. 앱이 실행되고 공덕동 주변 아파트 시세를 눌러본다. 이어 다른 동네들의 아파트들도 기웃거려본다. 평생 공덕동에 살 것이라는 촉촉한 의리가 다소 말라가고 있었다. 그렇다. 그러니 이 글은 결국 안 그래도 세속적이던 인간이 보다 더 세속적인 인간이 되어가고 있다는 고백이 되어버리고 말았다. 뭐 이런 꼰대 같은 글이 다 있나 싶은 20대 독자 여러분은 정확히 20년 후 이 글을 다시 읽어주시길 부탁드린다. 어떤 글은 그걸 이해할 적당한 나이가 있게 마련이다.

여름이면 록페스티벌에 갔다.
이제는 가지 않는 그곳.
대신 록 스피릿 가득한 히스테릭
글래머의 쿠션으로 대신해본다.

프리츠한센의
카라바지오 플로어
램프. 빛이 넓게
퍼지지는 않지만
예쁘니까 됐다.

번번이 책에게 자리를 내어주지만, 인정할 수밖에 없다. 책은 쌓이면 쌓이는 만큼 멋이 나는 오브제다. 그러니 다들 책을 많이 사시라. 이 문장을 출판사에서 가장 좋아할 것 같다.

더는 성능만을 위해 제품을 구입하지는 않는다. 무인양품 벽걸이 CD플레이어는 줄을 당기면 작동하고 줄을 다시 당기면 멈춘다. 기능이라고는 오로지 그것밖에 없다. 그럼에도 불구하고 대체 불가능한 제품임에 틀림이 없다.

현재 스바르바 램프의 모습이다. 예술은 예술을 낳는다. 이케아가 만든 걸작은 시간이 지나 나의 집에서 현대미술로 재창조되었다.

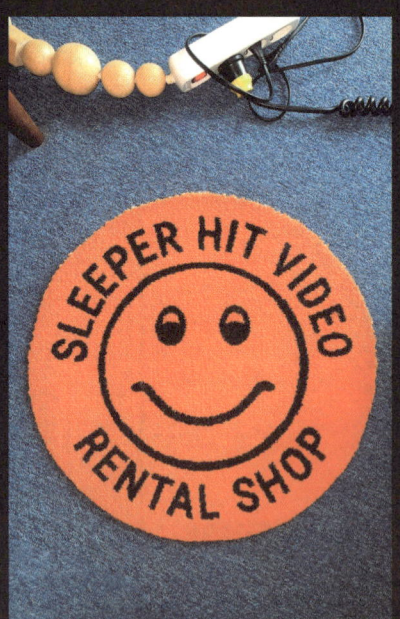

내 발밑에는 야마가 가득한 러그들이 곳곳에 있다.

더이상 꽃무늬 패브릭을 덧입힌 캣타워를 사지 않아도 된다.

전기가 통하지 않는 목제에 전선을 꽂는 묘한 기분마저 느낄 수 있다.

거실 벽에 걸린 작품들이다. 오른쪽 가장 큰 그림이 전나환 작가의 작품 〈Twins〉이고, 그 왼쪽 상단에 걸린 그림이 내가 가장 처음 산 작품인 이강훈 작가의 〈자화상〉이다.

1960년대 플라스틱 체어. 심지어 오렌지색이다.

감각적인 인테리어 잡지들은 정보만 주는 게 아니다. 시간이 지나면 좋은 오브제 역할을 하기도 한다.

나만의 취향을 가지게 된다면 지나간 시대의 유물로 취급되었던 물건들이 새롭게 보이는 마법을 경험하게 된다. 이 사진은 내 마법의 결과물이다.

만화책을 한곳에 모아두고, 중간중간 오브제들을 함께 배치했다. 그렇다. 이건 쌓아둔 게 아니라 배치, 그러니까 다 계획 아래에 꾸며둔 것이다, 라고 적어본다.

마감하는
책상마저 책에게
점령당했다.
역시 수는
많고 볼 일이다.

작가의 말

작가의 말은 짧을수록 좋다고 했다.

이 책은 잡스럽다. 잡스러운 인간이 쓴 책이라 그렇다. 잡스러운 인간들은 꼭 잡지 출신이다. 나도 잡스러운 인간이라 30대와 40대를 잡지와 함께 보냈다. 잡지에서 탈출했는데 아직도 잡스러운 글을 쓴다. 단행본이 나올 때마다 걱정한다. 잡스러운 인간이 잡스럽게 쓴 글을 모았을 때 잡스럽지 않을 가능성은 어느 정도인가. 없다. 집 이야기를 하다가 책 이야기를 하더니 옷 이야기를 하면서 음식 이야기도 하다가 우울증 이야기마저 하고 말았다. 내 어머니가 가장 싫어하는 게 나의 우울증 이야기다. 그렇게까지 솔직한 이야기는 하지 말라고 당부하신다. 책을 낼 때마다 나는 어머니께 사과를 드린다. 아니다. 생각해보니 어머니가 가장 싫어하는 것은 우울증 이야기가 아니다. 글에 어머니를 등장시키는 것이다. 이 책에는 어머니가 지나치게 많이 등장한다. 다시 한번 어머니께 사과드린다.

잡스러운 글로 가득한 책이 잡스럽지 않게 번듯한 모양새를 갖출 수 있었던 것은 어머니 같은 문학동네 편집자 여러분 덕이다. 책을 내기 전 미팅에서 "마감을 마구 쪼아주셔도 괜찮습니다"라고 했다. 이렇게 열심히 어머니처럼 쪼아주실 줄은 몰랐다. 문학동네가 문학동네인 이유가 다 있었다.

고백하자면 나는 이 책이 나오는 올해 오십이 되고 말았다. 영포티도 재수없는데 영피프티가 됐다. 아니다. 영피프티라는 말은 써서는 안 된다. '영'과 '피프티'는 공존할 수 없는 단어다. 덜 재수없는 영포티 시절에 마치 영서티인 양 쓴 글들이라는 것을 마지막으로 밝힌다.

짧을수록 좋은 작가의 말이 점점 길어지고 있다.

이 책은, 이 책을 끝까지 읽어낸 당신과 친구가 되고 싶다는 편지다. 결국 감상적인 소리로 끝내고 말았다. 나는 농담밖에 할 줄 모르는 사람이라 감상적인 소리를 정말 못 견딘다.

그래도, 저 말은 진심이다.

2025년 여름의 입구에서
김도훈

나의
중동구매
연대기

나의 충동구매 연대기
지갑으로 낳아 가슴으로 키운 취향에 대해

초판 인쇄 2025년 6월 4일
초판 발행 2025년 6월 16일

지은이 김도훈
책임편집 정선재 | **편집** 고아라 이희연
디자인 김이정 이혜진 | **저작권** 박지영 형소진 오서영 조경은
마케팅 정민호 서지화 한민아 이민경 왕지경 정유진
　　　　 정경주 김수인 김혜원 김예진 나현후 이서진
브랜딩 함유지 박민재 이송이 김희숙 박다솔 조다현 김하연 이준희
제작 강신은 김동욱 이순호 | **제작처** 더블비(인쇄) 천광인쇄사(제본)

펴낸곳 (주)문학동네 | **펴낸이** 김소영
출판등록 1993년 10월 22일 제2003-000045호
주소 10881 경기도 파주시 회동길 210
전자우편 editor@munhak.com | **대표전화** 031) 955-8888 | **팩스** 031) 955-8855
문학동네카페 http://cafe.naver.com/mhdn
인스타그램 @munhakdongne | 트위터 @munhakdongne
북클럽문학동네 http://bookclubmunhak.com

ISBN 979-11-416-1048-7 (03810)

* 이 책의 판권은 지은이와 문학동네에 있습니다.
  이 책 내용의 전부 또는 일부를 재사용하려면 반드시 양측의 서면 동의를 받아야 합니다.
* 잘못된 책은 구입하신 서점에서 교환해드립니다.
  기타 교환 문의 031) 955-2661, 3580

www.munhak.com